保育士のための

社 会 福 祉

Social Work

成清 美治

【編著】

学 文 社

執筆者

＊成清　　美治　神戸親和女子大学（第1章，第9章）

成清　　敦子　関西福祉科学大学（第2章）

權　　　順浩　神戸親和女子大学（第3章）

渡邊　恵梨佳　頌栄短期大学（第4章）

米澤　美保子　神戸親和女子大学（第5章）

真鍋　　顕久　岐阜聖徳学園大学（第6章）

相樂　真樹子　貞静学園短期大学（第7章）

渡邉　　泰夫　甲子園短期大学（第8章）

（執筆順：＊は編者）

は じ め に

　本書は，保育者としての保育士が施設型保育あるいは地域型保育現場において専門職として勤務する場合の基本的理念と知識を習得することを目的としている。保育士養成課程（「指定保育士養成施設の指定及び運営の基準について」）に定めている保育の本質・目的の理解に関する科目「社会福祉」（講義・2単位）では，その目標を以下のように規定しており，本書はその趣旨に基づいて作成している。

1. 現代社会における社会福祉の意義と歴史的変遷及び社会福祉における子ども家庭支援の視点について理解する。
2. 社会福祉の制度や実施体系等について理解する。
3. 社会福祉における相談援助について理解する。
4. 社会福祉における利用者の保護に関わる仕組みについて理解する。
5. 社会福祉の動向と課題について理解する。

　本書の構成の特徴は，できるだけ平易な文章を心がけ，本文の内容を理解する手助けとして必要に応じて図表を用いると同時に各文中において重要用語を解説し，内容の理解に努めた。また，各章末には「プロムナード」（コラム）と「学びを深めるために」の欄を設けて最近の社会福祉・保育の動向や話題並びに理解に必要な文献紹介を行った。

　最後に，執筆者については，新進気鋭の若手の保育研究者等による執筆陣を揃え，内容のあるものとなるよう努めた。

　本書は基本的に保育士養成課程における科目に対応しており，社会福祉を学ぶ他領域あるいは専門課程の学生にとっても格好の入門書となっている。

　なお，各章の欄外の用語は成清美治・加納光子編集代表『現代社会福祉用語の基礎知識（第13版）』（学文社）を引用・参照している。

　今回の出版にあたっては，学文社代表田中千津子氏に多大なる支援を受けたことに対して感謝する次第である。

　2020年1月吉日

執筆者を代表して　　成清　美治

目　次

第 1 章

現代社会と子ども

1　現代社会の諸問題

　　現代日本の社会はさまざまな問題を抱えている。たとえば (1) 少子化の問題 (2) 格差社会の問題 (3) 介護の問題 (4) 働く女性の問題等である。これらの課題について順次検討することにする。

(1) 少子化の問題

　　少子化の主たる要因は，合計特殊出生率（女性ひとりが一生涯に産む子どもの数，以後出生率）の低下にある。わが国の人口は 1970（昭和 45）年には 1 億人を突破し，ピーク時の 2008（平成 20）年には 1 億 2,808 万人に達した（図表 1 − 1 を参照）。しかし，その後減少期に入り，2060 年にはわが国の総人口は 8,674 万人に減少し，高齢者人口は，約 40％になると見込まれている（国立社会保障・人口問題研究所）。とくに人口減少は地方において著しい。

　　こうした総人口の減少に伴って，深刻なのは子どもの数の減少である。ここで出生数の推移を見ると第 1 次ベビーブーム（1947 〜 1949 年）の最高値は 2,696,638 人（1949 年）でこの時期に生まれたひとびとは「団塊の世代」と呼ばれた。

　　そして，1966 年には丙午（ひのえうま）で出生率は 1.58 に低下するが，第 2 次ベビーブーム（1971 〜 1974 年）が到来し，最高値は 2,091,983 人（1973 年）となり「団塊ジュニア世代」と呼ばれた。その後，出生率の低下に伴って出生者数は減少傾向となり 2017（平成 29）年には出生数は 941,000 人で前年度に続い

図表 1 − 1　わが国の人口推移

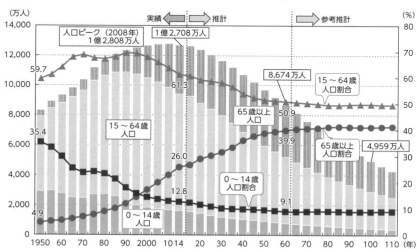

資料：2014 年以前：総務省統計局「国勢調査」（年齢不詳の人口を按分して含めた）及び「人口推計」
　　　2015 年以降：国立社会保障・人口問題研究所「日本の将来推計人口（平成 24 年 1 月推計）」［出生中位・死亡中位推計］
（注）1970 年までは沖縄県を含まない。
出所『厚生労働白書（平成 27 年度）』

て 100 万人を下回っている。また，出生率も 1.43 となっており，出生数とともに国際的に低水準となっている。今後，死亡者数は増加するが，出生率は低水準を推移すると予測されている（図表 1 - 2 参照）。

　それでは，何故このように出生率が低下し，少子社会が出現したのであろうか。

　とくに，第 2 次ベビーブーム以降，急激に出生率が低下すると共に子どもの数が減少し，少子化社会が出現することになるが，少子化の主要因として，女性の晩婚化・晩産化及び既婚女性の出生率の低下をあげる事ができる。

　出生率の低下が始まるのは 1970 年代後半以降であるが，この時期は第 1 次石油危機（1973 年），第 2 次石油危機（1978 年）による世界経済の混乱に伴う日本経済の危機と重なる。こうした経済の低迷は雇用の不安定化，収入減，失業問題をもたらし，結果として若者の結婚にも影響を及ぼすこととなった。すなわち，日常生活の不安定化は婚姻関係に至るケースを減少させると同時に出生率を低下させる要因ともなった。1980 年代には欧米から移入された Dinks（Double Income No Kids）という，共働きで子どもをつくらない，あるいは持たないという新しい夫婦形態思想が生まれ少子化の一要因となった。そして，1985 年には「男女機会均等法」が成立し女性の社会進出を促したが，社会的子育て支援体制の不備が仕事と生活（ワークライフバランス）の両立を妨げ，結婚・出産と同時に退職するという日本独特の女性就労形態である「M 字型就労」を生み出している。しかしながら，女性の進学・高学歴化傾向は，次第に女性の「自立」を促すこととなり，経済的自立・職業的自立が結婚観を変化さ

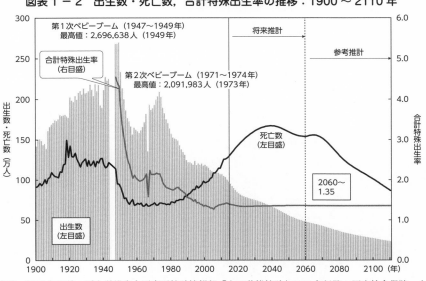

図表 1 - 2　出生数・死亡数，合計特殊出生率の推移：1900 〜 2110 年

資料：2014 年以前：厚生労働省大臣官房統計情報部「人口動態統計」2015 年以降：国立社会保障・人口問題研究所「日本の将来推計人口（平成 24 年 1 月推計）」〔出生中位・死亡中位推計〕
（注）2013 年までは確定数，2014 年は概数である。
出所）『厚生労働白書（平成 27 年度）』

せ『せねばならぬ』から『選択の自由』へ変化させた。このように女性のライフスタイル（高学歴化・社会進出）の変化は，結果として非婚化・晩婚化を招来することとなり，たとえ結婚しても，晩婚化が常態化し，出産も高年齢出産となり出生率・出産者数も低下することとなった。

　そのため，婚姻件数，婚姻率も 1972（昭和 47）年以降，低下の一途を辿る（ただし，1900 年代〜2000 年代にかけて一時期合計出生率が回復傾向を示すが）こととなった（図表 1 − 3 参照）。

　ここで，朝日新聞が 2018 年 11 月 13 日に実施した世論調査（郵送とインターネット調査）を見る（郵送世論調査）。世論調査の結果は次のようになっている。

　① 結婚について，結婚は「できるだけするべきだ」と思う人は 48％となっており，2012 年調査の 59％から大きく後退している。また，「必ずしなくてもよい」は 50％で，男女別では女性，年代別では若年層が高めとなっており，女性は 18 歳〜29 歳の層が 78％，50 代と 60 代の半数が「必ずしもしなくともよい」と答えている。このように結婚に対しては，若年層の女性のみならず中年層も必ずしも結婚しなくてもよいとなっている。

　② 夫婦の役割分担においては，「夫が主に働いて生活費を稼ぎ，妻が主に家事や子育てをする方がよい」と思う人は 32％にとどまっている。

　③ 女性の就労に関しては，「働く女性が増えた方がよい」と思う人も 69％となっている。

　④ 子どもに関しては「結婚したら子どもを持つ方がよい」と思う人は 77％。男性は 82％，女性も 74％となっている。年代別では 40 代が 67％で，30 代以下は 70％となっている。

　⑤ 育児に関して 30 代以下は，低めであるが「子どもが幼いうちは，母親が

図表 1 − 3　婚姻件数，婚姻率の推移

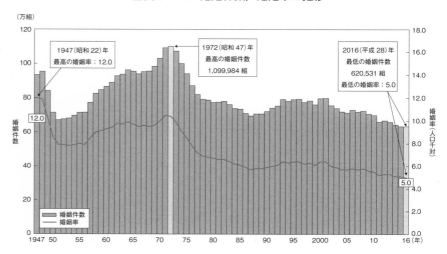

出所）『少子化社会対策白書（平成 30 年版）』

家で面倒を見る方がよい」が63％を占めている。

⑥ 子育ての環境についての質問では，72％が「今の日本は子どもを産み育てにくい社会」と答えている。

⑦ 子育てにおいて何が一番問題かに対する回答として「子育ての経済的負担」に続いて，「仕事と子育ての両立の難しさ」をあげる人が多い。「仕事より家庭を優先できる社会」と思う人は60％，また男性の育児休業については，「取るのが当たり前の社会になる方がよい」は69％となっている（朝日新聞社2019年1月13日付朝刊（大阪本社版））。この結果，若い世代は結婚・子育てに将来の希望を持つことができず，家庭を築きたくてもできない状況にある。とくに働く女性にとって仕事と育児の両立が困難な状況にあることが分かる。結論として，「子どもを安心して育てることができる家庭の構築」が長い目で見て少子化対策となり得るのである。

ところで，2017年の出生率は1.43で，少子化の波はいまだに止まっていない。こうした少子化社会は経済的，社会的影響あるいは社会保障制度に対して少なからず影響を与える。

まず，少子化の影響を経済的側面から見ると，① 年齢構成の変化による需要またはニーズへの影響，② 生産年齢人口の変化による労働力への影響，③ 生産年齢人口と従属年齢人口の変化による扶養への影響の3つが考えられる。また，社会的な影響としては，① 家族構造の変容，② 子どもの成長への影響，③ 地域社会の衰退を意味する[1]。

そして，社会保障制度全般に与える影響として，人口の減少は労働者の減少すなわち社会保障の枠組みを構築している年金・医療・介護各保険の被保険者数の減少となり，各保険財政を圧迫し，最終的に各保険サービスの給付の縮小・低下に繋がる。

少子化対策としてこれまで政府は数々の対策を講じてきたがそのきっかけは1.57ショック（1989）であった。これ以降，政府は具体的対策を講ずることになった。その最初が厚生省（現厚生労働省）による1994（平成6）年の当時の文部（現文部科学省），厚生，労働（現・厚生労働省），建設（現国土交通省）の4省大臣の合意による「エンゼルプラン」（正式名称：「今後の子育て支援のための施策の基本的方向について」）の創設である。この施策は10年間を策定期間とし保育サービスなどの充実を謳ったもので具体的数値目標を設定した。その後，本格的な少子化対策として「少子化社会対策基本法」（2003）が成立した。そして，子育て支援給付その他の子どもの養育者に必要な支援を行い，子どもたちが健全に成長できる社会の実現に寄与することを目的とした「こども・子育て支援法」（2012）が成立した。また，政府の経済運営において，「ニッポン一億総活躍社会プラン」（「希望出生率1.8」の実現に向けた対応策）（2016）と「新しい経済政策パッケージ」（2017）が策定された。とくに新しい経済政策パッケージの「人

エンゼルプラン
　急速に進行する少子化に対応するため1994（平成6）年，文部（現文部科学省）・厚生・労働（現厚生労働省）・建設（現国土交通省）4大臣合意による総合的な子育て支援のための計画が策定された。これをエンゼルプランという。10年間を策定期間とし，保育サービスの充実などでは緊急保育対策等5ヵ年事業として具体的な数値目標を示し，施策の実施を促した。

づくり革命」において，幼児教育の無償化，待機児童の解消等が打ち出された。そして，新しい経済政策パッケージを実現するため「子ども・子育て支援法改正」(2018) が成立した。同法の目的は保育の需要の増大に対応するためで，その概要は，① 事業主拠出金の率の上限の引上げ，② 事業主拠出金の充当対象の拡大，③ 待機児童解消等の取り組みの支援等となっている。今後，人口減少社会到来に備えてますます少子化対策が重要視されより効果的な少子化対策が期待されている。

　なお，少子化の主たる要因として女性の晩婚化・晩産化についてみてきたが，他の要因として，① 子どもの教育費の高騰化，② 育児と就労の両立支援の社会的不備，③ 女性の高学歴化に伴う社会的進出，④ 経済的格差問題，⑤ 育児に対する男女の意識の差異等をあげることができる。

(2)「格差社会」の問題

格差社会
　戦後の高度経済成長期からバブル期までの「一億総中流」という国民の生活意識が薄れ，所得や教育，職業などさまざまな分野において，国民の間で格差の拡大と二極化が進行し，もはや個人の努力では埋めることのできないほどの格差意識状況になった社会を指す。

　1990 年代に入り，わが国が「格差社会」であるということを多くの人びとが指摘するようになった。格差には，所得格差，資産格差，雇用格差，男女格差，世代間格差，地域格差，人口格差，年齢格差等があるが，格差社会の意味に関して「成員間の経済的な格差が固定化又は拡大する社会」であると『広辞苑』(第7版) で定義している。具体的には社会を構成するひとびとが収入あるいは財産によって階層化—これまでの1億総中流社会が富裕層と貧困層に分離する—が生じ，結果として所得格差が固定化・拡大化する社会のことをいう。

　図表 1 - 4 は所得金額階級別に関する図表である。この図表から分かることは，100 万円未満の層が全体の 6.2％，100 万円～ 200 万円の層が全体の 13.4％，200 万円～ 300 万円の層が 13.7％と全体の 33％を占めていることである。これに対して，1,100 万円以上の所得層が 8.0％で，そのうち 2,000 万円以上の所得層が 1.3％存在している。かつて日本は中流階層が多数を占めていたが，平均所得金額を占める層は僅かに 8.8％にすぎない。このように今日では所得中間層が崩壊し，低所得階層と高所得階層に二極化していることが分かる。

　こうした，低所得階層と高所得階層に分化した原因として非正規労働者の増加をあげる事ができる。従来，非正規労働者の多くは，55 歳以上の労働者並びに女性を中心としたパート労働者であった。しかし，近年若年労働者の非正規労働者としての雇用の増加が著しい。

　2017 年の全労働者数（役員を除く）5,460 万人のうち正規労働者数は 3,423 万人に対して，非正規労働者数は 2,036 万人と全労働者数の 37％を占めている。非正規労働者の内訳をみるとパート，アルバイト，派遣社員，契約社員，嘱託社員等となっている。また，正規社員（男性）の 2017 年の平均所得が 500 ～ 699 万円で正規社員（男性）全体の 22.7％を占めている。非正規社員（男性）の年間平均所得は 100 万～ 199 万円が非正規職員（男性）全体の 28.8％を占め最

図表1－4　所得金額階級別世帯数の相対度分布

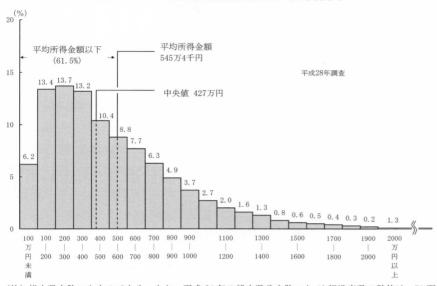

(注) 熊本県を除いたものである。なお，平成24年の熊本県分を除いた46都道府県の数値は，51頁
　　　の参考表8に掲載している。
出所)『国民生活基礎調査の概況（平成28年)』厚生労働省

　も高く，次いで100万円未満が26.9％，100万円台が約50％を占めている。(平
成30年2月16日，総務省統計局「労働力調査」(詳細集計)より)。この数値では
日本国憲法が定めている「健康で文化的な生活」(第25条)を維持することは
不可能である。こうした非正規労働者は正規労働者に比較して雇用のセーフ
ティーネット（安全網)が整備されているケースが少なく，病気に罹患したり
障害，ケガ等を負った場合，社会保険（医療保険，年金保険，介護保険，雇用保
険等)の未加入のために治療・受診機会のチャンスだけでなく，健康被害のた
め労働機会を喪失し，健康な日々の生活を送ることができなくなる。すなわち，
「雇用のネット」から「社会保険のネット」を通り越して「公的扶助のネット」
(＝生活保護)へ直接落下するのである。このような社会を湯浅誠は「すべり台
社会」と表現している[2]。こうした非正規労働者数の増加（＝格差の進行)は結
婚機会の喪失，人生に対する失望，家庭生活の構築，維持・継続の困難をもた
らし，新たなる貧困層の形成に繋がるのである。経済協力開発機構（OECD)
の「対日経済審査報告書」(2017年4月)の〈雇用と生産性向上にむけた提言〉
のなかで「正規労働者への雇用保護を緩和し，非正規雇用者への社会保障適用，
職業訓練を拡大することで労働市場の二極化を打破。」と提言している。
　　最後に格差社会を生み出した原因として，① 経済のグローバル化（＝資本や
労働力が国境を越えて活発化し，世界における経済的結びつきが活発になること)に
伴う安価な労働力を求めた企業の海外進出，② 国内の産業（＝製造業)の衰退，
③ 単身高齢世帯層の増加に伴う低所得層世帯数の増加，④ 若年層の非正規労
働者化等をあげることができる。

今後，格差社会対策として，雇用格差の是正，教育の機会均等，男女格差の是正，社会保障制度の整備等が考えられる。

（3）介護の問題

社会保障制度のうち最も大きな局面を迎えているのが医療・年金・介護問題である。ここでは財政的にも人材的にも深刻な状況にある介護問題を取り上げる。「介護保険法」が成立したのは，1997（平成9）年12月17日である。同法のもとで施設サービスと在宅サービスの給付が施行されたのは2000（平成12）年4月1日であった。この介護保険制度は「ドイツ介護保険法」(1994)を参考に制定されたが，介護保険制度が創設された背景にはわが国の人口の高齢化問題があった。

1970（昭和45）年には総人口に占める高齢者（65歳以上）の割合が7％となり，国際連合が定義する高齢化社会となった。そして，1994（平成6）には高齢社会（高齢化率14％）に突入した。それ以降，高齢化率は年々上昇し，2017（平成29）年には27.7％となり世界でもトップクラスの水準となった。

人口高齢化は，高度経済成長以降顕著となった。その要因として，家族形態の変化（核家族の増大），出生率の低下，家族内機能の縮小と弱体化，女性の社会進出等をあげることができる。とくに女性の社会進出により，これまで主として女性が担ってきた「家庭内介護」の存続が困難となった。人間は高齢になると疾病や肉体の衰えのため身体機能が衰弱し，日常生活機能が弱体化し，自立が困難となり，要支援，要介護者になる可能性が高くなる。そのため高齢者の介護予防が普段から必要となる。人口高齢化のもとで介護保険制度の登場は，これまでの家族が担ってきた介護労働（在宅介護）を施設やホームヘルプサービス等の利用を通して家庭外の介護サービスに委ねるいわゆる「介護の社会化」を標榜したのである。

なお，図表1-5は，介護保険創設までの老人福祉・老人医療政策の経緯を示したものである。

ここで，介護保険制度の最大の課題を指摘する。

第1は，財政問題である。介護保険制度の創設以降18年間の介護保険制度の利用者の推移を見ると2000（平成12）年のスタート時点の要支援，要介護の認定者は同年4月末の218万人から18年後の2018年4月末には644万人と3倍に膨れ上がっている。これに対して65歳以上の被保険者（第1号被保険者）数は2,165万人から3,492万人と1.6倍にすぎなかった。また，第2号被保険者数も介護保険制度創設以降，被保険者数は増加せずやや減少傾向にある。このことは介護サービス費の支出超過を意味し，介護保険財政の安定化を目指すため国・自治体の財政負担増並びに被保険者（第1号，2号）の介護保険料の負担増とサービスの低下を意味する。

図表1−5　介護保険制度の創設前の老人福祉・老人医療政策の経緯

年　代	高齢化率	主　な　政　策		
1960年代 老人福祉政策の始まり	5．7% (1960)	1962(昭和37)年	訪問介護（ホームヘルプサービス）事業の創設	
		1963(昭和38)年	老人福祉法制定 ◇特別養護老人ホーム創設、　訪問介護法制化	
1970年代 老人医療費の増大	7．1% (1970)	1973(昭和48)年	老人医療費無料化	
		1978(昭和53)年	短期入所生活介護（ショートステイ）事業の創設	
		1979(昭和54)年	日帰り介護（デイサービス）事業の創設	
1980年代 社会的入院や 寝たきり老人の 社会的問題化	9．1% (1980)	1982(昭和57)年	老人保健法の制定 ◇老人医療費の一定額負担の導入等	
		1987(昭和62)年	老人保健法改正（老人保健施設の創設）	
		1989(平成元)年	消費税の創設（3%） ゴールドプラン（高齢者保健福祉推進十か年戦略）の策定 ◇施設緊急整備と在宅福祉の推進	
1990年代 ゴールドプランの推進 介護保険制度の導入準備	12．0% (1990)	1990(平成2)年	福祉8法改正 ◇福祉サービスの市町村への一元化、老人保健福祉計画	
		1992(平成4)年	老人保健法改正（老人訪問看護制度創設）	
		1994(平成6)年	厚生省に高齢者介護対策本部を設置（介護保険制度の検討） 新ゴールドプラン策定（整備目標を上方修正）	
		1996(平成8)年	介護保険制度創設に関する連立与党3党（自社さ）政策合意	
		1997(平成9)年	消費税の引上げ（3%→5%） 介護保険法成立	
2000年代 介護保険制度の実施	17．3% (2000)	2000（平成12）年　介護保険法施行		

出所）公的介護保険制度の現状と今後の役割（平成30年度厚生労働省　老健局）

今後65歳以上の高齢者（前期高齢者）人口割合増のみならず75歳以上の高齢者人口（後期高齢者）の増加が見込まれると同時に介護期間の長期化が予測されるなかで介護ニーズがますます増加することが予測される。そのなかで財政健全化問題は避けて通れない課題である。

第2は介護専門職員確保の問題である。介護職の専門職として，1987年に国家資格である介護福祉士（名称独占）が「社会福祉士法及び介護福祉士法」に基づいて制定された。

介護福祉士の登録者数（国家試験・養成施設合計による有資格者数）は，2010（平成20）年時点で898,400人（厚生労働省調べ）となっている。しかし，登録者数すべてが介護関係の業務に従事しているわけではない。そのため，居宅・施設サービスにおける介護専門職員数が必ずしも充足されているわけではない。その主たる原因は労働条件の厳しさに反して賃金評価が低い（一般企業に比較して賃金が低い）のと社会的評価の低さである。

そのため有資格者であっても介護関連職種に従事しないという傾向がある。そのうえ，最近では介護福祉士養成施設への入学者が激変している。そのため国は介護福祉士等就学資金制度等を設けている。また，東南アジアからの留学生の誘致を図っている。介護福祉士希望者を補完する意味で介護専門職の初歩（訪問介護等に従事）として介護職員初任者研修（旧ホームヘルパー2級）が創設（2013年施行）され多数の研修者が受講している。

しかし，介護専門職員の充足問題は深刻で2025年には介護ニーズの増加に伴って，237〜249万人の介護職員が必要である推定されている。そのため2025年の大量の介護職員補充問題を抱えて社会保障審議会福祉部会・福祉人

介護福祉士

「社会福祉士及び介護福祉士法」（1987）によって設置された名称独占の国家資格。介護福祉士とは，介護福祉士の名称を用いて，専門的知識及び技術をもって，身体上又は精神上の障害があることにより日常生活を営むのに支障がある者につき心身の状況に応じた介護（医師の指示の下に行われる喀痰吸引等を含む）を行い，並びにその者及びその介護者に対して介護に関する指導を行うことを業とする者。

材確保専門委員会は「2025年に向けた介護人材の確保―量と質の好環境の確立に向けて」（2015年2月25日）において，介護の人材として必ずしも介護福祉士の必要性はないという考え方を提示した。こうした状況で如何に質と量を兼ね備えた介護職員（外国人を含む）を確保するかが課題である。介護専門職確保策として，「出入国管理及び難民認定法の一部を改正する法律」（2016）が公布され翌年9月1日より施行された。同法律によって留学生が介護福祉士養成施設（2年以上）を卒業して介護福祉士の資格を取得（登録）し，介護福祉士として介護または介護の指導を行う場合，在留資格「介護」が創設された。以上，2つの課題について述べてきたが，これ以外に深刻な問題として介護の問題（老々介護，独居老人）が存在する。

　介護の問題として新たに浮上しているのが高齢者の増加に伴って増加している認知症の介護問題である。認知症（アルツハイマー病，脳梗塞，脳出血，脳動脈硬化等によって発病する）は脳の細胞の機能低下あるいは細胞の死によってさまざまな障害が起こり日常生活に支障をきたす状態のことであるが，現在，適切な介護方法を見出すことが困難な状況にある。そのため厚生労働省は認知症に対応する施策として，オレンジプラン（2013），新オレンジプラン（2015）を創設した。そして，「地域包括ケアシステムの強化のための介護保険法等の一部を改正する法律」（2017）の成立により，新オレンジプランの考え方が介護保険法にも位置づけられることとなった。

　なお，この法律の目的は，高齢者の自立支援と要介護状態の重度化，認知症高齢者の理解並びに地域共生社会の実現と介護保険制度の持続可能のもと必要なサービスを提供することにある。

（4）働く女性の問題

　近年，わが国において女性の就労率が上昇している。図表1－6は年齢階級別女性の労働力率を示したものである。女性の各年度別の年齢階級別労働力率を見た場合25歳～29歳が最も高くなっている。しかし，29歳～39歳にかけてその比率が落ち込んでいるのが分かる。これは就労していた女性が結婚・出産・育児等のため一旦職場を退き，家庭生活に入るためである。その後，育児等が一段落した後，再び再就職するのが日本の女性の就労形態の特徴である。そのため40歳以降は労働力率が高くなっている。こうしたM字型就労は日本の女性の労働形態の特徴であるが，近年徐々に減少し台形に移行しつつある。この日本独特のM字型就労であるが，その背景には男性は「仕事」，女性は「家事」「育児」という伝統的な「性別役割分業」の存在がある。ただ，年々若い女性の，①「高学歴」，「自立」に伴う社会進出，②女性の職域の拡大，③女性の働く環境の整備の向上等もあって女性労働の継続性が可能となってきている。

> **新オレンジプラン（認知症施策推進総合戦略）**
> 　厚生労働省が2015年に策定した計画。以下の7つの柱にそって施策が展開されることとなった。すなわち，①認知症への理解を深めるための普及・啓発の推進，②認知症の容態に応じた適時・適切な医療・介護等の提供，③若年性認知症施策の強化，④認知症の人の介護者への支援，⑤認知症の人を含む高齢者にやさしい地域づくりの推進，⑥認知症の予防法，診断法，治療法，リハビリテーションモデル，介護モデル等の研究開発およびその成果の普及の推進，⑦認知症の人やその家族の視点の重視，である。

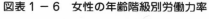

図表 1 − 6　女性の年齢階級別労働力率

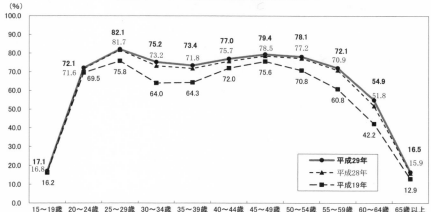

資料：総務省「労働力調査」（平成 19，28，29 年）
出所）女性の年齢階級別労働力率『厚生労働白書（平成 29 年版）』

図表 1 − 7　年齢階級別非正規の職員・従業員の内訳（2017 年）

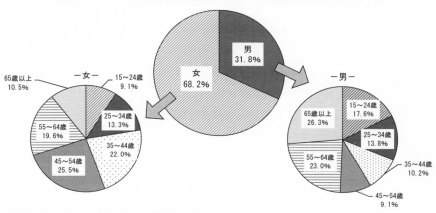

（注）割合は，内訳の合計に占める割合を示す。
出所）総務省ホームページ「労働力調査年報（平成 29 年）」

　近年，女性の労働力率は高まったが，働く女性にとって問題点の第 1 は雇用
形態である。図表 1 − 7 は 2017 年の年齢階級別男女非正規の職員・従業員の
内訳である。この図表から明らかなのは男性に比較して圧倒的に女性の非正規
雇用の割合が高いということである。そのうち 45 歳〜54 歳の割合が最も高く
なっている。この年齢層は子どもが小・中・高校あるいは大学に在学し最も教
育費がかかる時期である。次いで多いのが 35 歳〜44 歳の年齢層で同様の問題
を抱えている。

　前述したように日本の女性の就労形態は M 字型就労で若い世代は学校卒業
後正規雇用として就労するが，結婚・出産・育児を迎えて退職するのが通例と
なってきた。その時期を終えて再就職をした場合，多くが非正規雇用（パート
労働，契約社員，アルバイト等）の状態にあることが分かる。このなかには家庭
的事情（育児・家事労働，税対策等）を考慮して非正規雇用を希望する女性もい

るが，正規雇用を希望する女性がいるのも事実である。こうした，男女雇用の差は今後女性の就業率の上昇が労働力不足を補うことが想定されるなか，雇用格差は解消されるべきである。

　次に第2問題点は，男女の賃金格差である。男女の賃金格差解消は長年の課題であるがなかなか解決に至っていないのが現状である。その主たる原因は欧米先進諸国のように労働に対する「男女参画」（＝「男女参加」）という考え方ではなく，「家計費の補足」という位置づけ，すなわち従来の「性別役割分業」（＝「男は仕事」「女は家庭」）という思想と生活慣習から社会・家庭・企業も脱皮していないところにある。しかし，今後日本の労働力が不足することが予測されるなか，わが国の税収入，労働生産性をあげるためにも男女の賃金格差解消は是非とも必要である。

　働く女性の第3の問題点は子育て支援である。働く女性の労働生産性の向上は国の財政を豊かにするためにも必要であり，そのためには安心して女性が働く環境整備─女性の就労支援─が大切となる。女性の就労支援として最大の課題は子育て支援である。

　ここでは子育て支援にテーマを絞ってその対策を検討する。働く女性にとって，待機児童が解消されないのは最も深刻な問題である。世間を賑わせた「保育園落ちた日本死ね」（2016）というショッキングなブログの投稿があって，保育所待機児童問題が一挙に世の中に流布された。

　これまで，保育所待機児童問題に対して国・地方自治体は，さまざまな対策を講じてきたがあまり効果が上がっていないのが現状である。

　図表1−8は2010（平成22）年〜2017（平成29）年までの待機児童数，利用率（全体），利用率（1，2歳児）の年度ごとの数値を示したものである。この図表によると働く女性の増加に伴って，3項目共に年々上昇している。特に2015

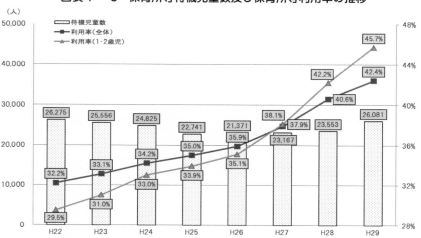

図表1−8　保育所等待機児童数及び保育所等利用率の推移

出所）「保育所等関連状況とりまとめ」厚生労働省（平成29年4月1日）

（平成 27）年以降，利用率（全体），利用率（1，2歳児）の伸びが著しく，それに伴って待機児童数も増加している。こうした状況下で保育所等数も 2015（平成 27）の 28,783 カ所〜 2017（平成 29）年には 32,793 カ所に増加している。しかし，現実に年々増加する保育需要に対応しきれず，2017 年の保育所待機児童数は 26,081 人となっている。

こうした保育所待機児童対策として，2001（平成 13）年に「待機児童ゼロ作戦」が展開された。その後，2008（平成 20）年には「新待機児童ゼロ作戦」が，2013（平成 25）年には「待機児童解消加速化プラン」が出され，取り組む自治体への支援パッケージ〜 5 本の柱〜を提示した。

それは，① 賃貸方式や国有地を活用した保育所整備（「ハコ」），② 保育の量拡大を支える保育士の確保（「ヒト」），③ 小規模保育事業など新制度の先取り，④ 認可を目指す認可外保育施設への支援，⑤ 事業所内保育施設への支援等となっている。待機児童解消対策の視点として，① 子どもの健全な成長の場の確保，② 働く女性の労働環境の整備，③ 納税者としての女性労働者の支援等が必要であるが，ワークライフバランスの視点が大切である。

2　子どもをめぐる諸問題

近年，子どもを取り囲む生活環境・社会環境が年々厳しくなってきている。なかでも，子どもにとって深刻な問題であり，子どもの成長・発達を阻害する主要因である「子どもの貧困問題」「いじめ・不登校」「児童虐待」の問題に焦点を絞りその現状と問題点並びに対策を検討する。

（1）子どもの貧困問題

子どもの貧困とは「許容できない生活水準＝貧困状態」で生活する子どもたちのこと[3]であるが，図表 1 － 9 は経済開発協力機構（2014）による世界の子どもの貧困率の国際比較である。この図表から日本の子どもの貧困率の高さは 34 カ国中 10 番目であり，OECD の平均を上回る貧困率 15％となっており，先進諸国のなかで子どもの貧困率が高水準にあるのが分かる。

2017（平成 29）年 6 月 27 日に厚生労働省は「平成 28 年国民生活基礎調査」を発表した。結果として，今回の調査（平成 27 年段階）では，前回の調査（平成 24 年）に比較して，全体の貧困率（相対的貧困率）が 16.1％→ 15.7％へ，同じく「子どもの貧困率」（17 歳以下）が 16.3％→ 13.9％（6 人に 1 人から 7 人に 1 人）に減少した。ただし，依然として先進諸国（OECD 加盟国）のなかでは高い水準にある。

子どもの貧困は，子どもの肉体的成長あるいは精神的成長に大きな影響を及ぼす。特に経済的理由は進路・進学が阻まれることにより，希望する職種への

ワークライフバランス
日常生活において，仕事と生活の両立を図ることである。充実した生活が仕事における生産性を高め，仕事での充実感が生活の質を高めるという好循環が好ましき企業経営を支えるという考え方である。この考え方は「次世代育成支援推進法」（2005）により，国が少子化対策として，企業に子育て支援の充実を求めたことが契機とされる。

貧困率
所得が国民の「平均値」の半分に満たない人の割合をいう。国民の間の所得格差を表す指標のひとつで，絶対的貧困率と相対的貧困率に大別されるが，一般には，経済協力開発機構（OECD）の指標に基づく「相対的貧困率」をいう。「平均値」とは，世帯の可処分所得を世帯人員数の平方根で割って調整した所得（等価可処分所得）の中央値のことである。この 50％に達しない世帯員の割合が「相対的貧困率」である。

図表 1 － 9　子どもの相対的貧困率の国際比較（2010）

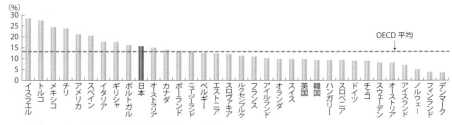

出所）『子ども・若者白書』内閣府（平成 26 年版）

就業チャンスを逃すことにもなる。また，このように貧困を経験した子どもは，成人後も貧困を継承することになり，「貧困の連鎖」に陥る危険性がある。

　子どもの貧困の原因として，親の経済力（＝所得）の問題を指摘することができるが，なかでも母子家庭あるいは父子家庭は子どもの「子育て環境」に影響を及ぼす。

　そこで子どもの貧困と密接な関係にある母子家庭を取り上げることにする。

　まず，母子家庭になった理由を見てみると，離婚が 79.5％，次いで未婚の母 8.7％，死別 8.0％となっている。母子家庭になった主たる理由である離婚件数は 2016（平成 28 年）で約 21 万 7,000 件となっている。そのうち，未成年の子どもがいるケースは約 12 万 6,000 件で全体の 58.1％となっている。この離婚率（人口千対）は，アメリカ 3.10（2015），スウェーデン 2.70（2014），韓国 2.10（2016），ドイツ 2.05（2014），フランス 1.91（2013）に対して，わが国は 1.73（2016）となっている（厚生労働省子ども家庭局家庭福祉課「ひとり親家庭の支援について」平成 30 年 4 月）。

　次に母子家庭の経済状態を見ると，2016（平成 28）年の母子家庭の平均年収は 243 万円（うち就労収入は 200 万円）となっている。これに対して，同年の 1 世帯当たりの平均所得は 545 万 4 千円（厚生労働省「国民生活基礎調査の概況」平成 29 年度）となっており，母子家庭の平均収入は 1 世帯平均所得の半分以下となっている。このように母子世帯の就労収入が低い理由は，正規の職員，従業員の割合が低く，多くはパート，アルバイト等の非正規雇用である。また，離婚の際，養育費の取り決めをしている割合が低く，そのうえ養育費の支払いが滞っているケースが多く見られることが母子世帯の生活を苦しめている。

　こうした，母子家庭の厳しい経済状況のもとで，可能な限り「子どもの貧困」を防ぐ対策として「就労支援」と「子育て支援」の両輪の対策の推進が重要となる。

　具体的には，① 保育サービスの充実（保育所・保育所入所定員の拡充，待機児童の解消，保育士の確保），② 正規の雇用形態，③ 労働時間の短縮，④ 男女賃金格差の是正，⑤ 児童手当（対象児童→日本：12 歳迄，イギリス：16 歳未満，ドイツ：18 歳未満，フランス：20 歳未満，アメリカ：なし），児童扶養手当，特別児

童扶養手当等の見直し，⑥ 失業保険の給付，⑦ 就業支援等の対策が必要である。

　こうした状況下で現在，国（厚生労働省）が推進している子ども貧困対策の柱は 2013（平成 25）年に制定し，2014（平成 26）年 1 月より施行された「子どもの貧困対策の推進に関する法律」（略称「子どもの貧困対策推進法」）と同年 8 月に閣議決定された「子供の貧困対策に関する大綱」（略称「子供の貧困対策大綱」）である。

　子供の貧困対策大綱の目的・理念は以下の通りである。

　① 子供の将来がその生まれ育った環境によって左右されることのないよう，また，貧困が世代を超えて連鎖することのないよう必要な環境整備と教育の機会均等を図る。

　② 全ての子供たちが夢と希望を持って成長していける社会の実現を目指し，子供の貧困対策を総合的に推進する，と掲げている。また，子供の貧困対策として 10 の基本方針と，子供の貧困に関する指標として，25 の指標を掲げている。

　また，民間では貧困児童対策として，NPO 法人，ボランティア等による「子ども食堂」，「学習支援」，「就労支援」，「居場所づくり」等の支援活動が行われている。

　わが国は世界第 3 位の経済大国であり，先進諸国の一員でもある。しかし，現実社会において子どもの貧困率は先進諸国のなかでも最も高い水準にある。こうした状況のもとで貧困家庭の子どもたちは，教育機会の収奪，学力遅滞，健康破壊，進路限定，児童虐待等の問題で苦悩している。子どもの貧困は，日本国憲法第 25 条が定める「すべての国民は，健康で文化的な最低限度の生活を営む権利を有する」を奪うことにもなる。

(2) いじめ・不登校の問題
1) いじめ

　近年，いじめが原因で自ら命を絶つ事件が後を絶たない。いじめは「自尊感情」（自分には価値があり，尊敬されるべきであるという感情）を奪うと同時に被害者の人権侵害となる（「児童の権利に関する条約」（1989）によって，世界の各国の子どもたちの人権が認められている）。この「いじめ」の定義は年代とともに変遷してきた。年代を追ってその定義を明らかにする。

　いじめが社会問題として取り上げられるきっかけとなったのは，1986（昭和 61）年の「葬式ごっこ」（東京都中野区の富士見中学校で起こったいじめ事件）である。この事件がマスコミ等で取り上げられ世間を騒然とさせた。これ以降，文部省（現文部科学省）はいじめ問題に本腰に取り組むようになり「いじめ」を定義した。すなわち，「『いじめ』とは，① 自分より弱い者に対して一方的に，

②身体的・心理的な攻撃を継続的に加え，③相手が深刻な苦痛を感じているものであって，学校としてその事実（関係児童生徒，いじめの内容等）を確認しているもの。なお，起こった場所は学校の内外を問わないもの」（昭和61年定義）とあり，「いじめ」の確認は学校にあるとし，学校が容認したものだけがいじめと認定された。その後，いじめの行為の判断は「いじめられた生徒の立場に立って行うこと」（平成6年定義）が追加された。そして，新たに文部科学省は「『いじめ』とは当該児童生徒が，一定の人間関係のある者から，心理的，物理的な攻撃を受けたことにより，精神的な苦痛を感じているもの。」（平成18年定義）と変更された。そして，2011年10月に滋賀県大津市で起こった男子中学生が自殺をした事件をきっかけとして，「いじめ防止推進法」(2013)の成立に伴い以下のようにいじめを再定義した。

「『いじめ』とは，児童生徒に対して，当該児童生徒が在籍する学校に在籍している等当該児童生徒と一定の人的関係のある他の児童生徒が行う心理的又は物理的な影響を与える行為（インターネットを通じて行われるものも含む）であって，当該行為の対象となった児童生徒が心身の苦痛を感じているもの」と定義し，被害者の立場に立った視点を取り入れている。

なお，起こった場所は学校の内外を問わないとしている。このように「いじめ防止推進法」は国が「いじめ」は重大な問題であるという認識を社会全体に示したものであり，国・地方公共団体あるいは学校の役割を法的に明記しているという意味において，大変意義がある。

ところで，図表1－10は年度別「いじめ」の認知件数の推移をあらわしたものであるが，2006（平成18）年から2016（平成28）年までの10年間の小・中・高等学校及び特別支援学校におけるいじめの認知件数は，124,898件から323,808件へと約20万件も増加している。問題は小学校，中学校，高等学校，特別支援学校等すべてにおいて認知件数が増加しているところにある。このように急激に認知件数が増加した理由として，①「いじめ」そのものの認知件数が増えていること，②平成18年度分の「問題行動等調査」からいじめの件数の呼称が「発生件数」から「認知件数」に改められどんな些細な事でも「いじめ」を見逃すことなく，学校が認知件数として報告するようになったこと③2012（平成24）年度から高等学校通信課程を調査対象に含めたこと等がある。

ここで，政府（文部科学省）のいじめ対策であるが，現在，「いじめ防止対策推進法」に基づいてその対策が施行されている。その基本方針等は，①国，地方公共団体及び学校の各主体は，「いじめの防止等のための対策に関する基本的な方針」の策定を定めること，②地方公共団体は関係機関等の連携をはかるため，学校，教育委員会，児童相談所，法務局，警察その他の関係者により構成されるいじめ問題対策連絡協議会を置くことができる等となっている。

ただ，いじめの原因のひとつとして，考えられるのは現行の学校教育の現状

図表 1 － 10　いじめの認知件数について（各年度）

年　度	H18	H19	H20	H21	H22	H23	H24	H25	H26	H27	H28
小学校	60,897	48,896	40,807	34,766	36,909	33,124	117,384	118,748	122,734	151,692	237,921
	8.5	6.9	5.7	4.9	5.3	4.8	17.4	17.8	18.6	23.2	36.6
中学校	51,310	43,505	36,795	32,111	33,323	30,749	63,634	55,248	52,971	59,502	71,309
	14.2	12.0	10.2	8.9	9.4	8.6	17.8	15.6	15.0	17.1	20.8
高等学校	12,307	8,355	6,737	5,642	7,018	6,020	16,274	11,039	11,404	12,664	12,874
	3.5	2.5	2.0	1.7	2.1	1.8	4.8	3.1	3.2	3.6	3.7
特別支援学校	384	341	309	259	380	338	817	768	963	1,274	1,704
	3.7	3.2	2.8	2.2	3.1	2.7	6.4	5.9	7.3	9.4	12.4
合　計	124,898	101,097	84,648	72,778	77,630	70,231	198,109	185,803	188,072	225,132	323,808
	8.7	7.1	6.0	5.1	5.5	5.0	14.3	13.4	13.7	16.5	23.9

※ 上段は認知件数，下段は 1,000 人当たりの認知件数。
※ 平成 25 年度から高等学校通信制課程を調査対象に含めている。また，同年度からいじめの定義を変更している。
出所）平成 28 年度「児童生徒の問題行動・不登校等生徒指導上の諸課題に関する調査」（速報値）の概要　文部科学省

が他者と比較することを前提とした「偏差値教育」にあると思われる。元来，学校は愉しいところで「個人」（人権尊重）を重視し，平等関係，友情関係を前提とした人間的成長を促すところなければならない。しかし，「集団主義」（競争原理）を優先し，他者との競争を前提とした競争主義教育を前提とするならば，いじめ問題の解消・減少は困難である。

2）不登校

　文部科学省は不登校児童生徒とは「何らかの心理的，情緒的，身体的あるいは社会的要因・背景により，登校しないあるいはしたくともできない状況にあるために年間 30 日以上欠席した者のうち，病気や経済的な理由による者を除いたもの」と定義している。

　2016（平成 28）年度の小・中学校における不登校児童生徒数は 134,398 人（前年度 125,991 人）で，1,000 人当たりの不登校児童生徒数は 13.5 人（前年度 12.6 人）となっており，不登校児童生徒数は，1998（平成 10）年以降，最多となっている。小・中学校における不登校の本人に係る要因として，総数 134,398 人のうち「不安の傾向」が 41,764 人（約 31%）で最も多く，次に「無気力」が 40,528 人（約 30%），つづいて，「学校における人間関係」が 22,558 人（約 17%），「あそび・非行」が 6,414 人（約 5%），その他が 23,134 人（約 17%）となっている。また，小・中学校における不登校の状況の全体を見て，最も多い不登校の要因は，「家庭に係る状況」で，次いで「いじめを除く友人関係をめぐる問題」，そして，「学業不振」となっている（平成 28 年度「児童生徒の問題行動・不登校等生徒指導上の諸課題に関する調査」（速報値）の概要　文部科学省）。このことから小・中学校における不登校児童が① 家庭に係る問題② 友人関係③ 学業不振等の問題を起因として不登校に陥っている。

　児童生徒の不登校の対応策として，家族（親・兄弟姉妹等）との日常生活あるいは学校生活に関する対話（コミュニケーション）の促進，また，学校関係者（担当教員，スクールカウンセラー等）との日常的な対話の「場」（ホームルーム以外）

を設けることによって事前に不登校の芽を摘むことが大切と考えられる。

（3）児童虐待の問題

　児童虐待は，子どもの成長発達（子どもの人格と心身の発達）に悪影響を及ぼすと共に成長後の社会生活においても多大なる影響を及ぼすことにもなる。児童虐待は今に始まったものでなく，古くはギリシャ時代から捨て子や嬰児殺しがあったとされる。また，イギリスの産業革命期には家計を助けるため，労働力としての児童の長時間労働（紡績工場やマッチ工場あるいは炭鉱）が行われた。その結果，幼い子どもたちは，就学機会も奪われ資本主義社会の構築（本源的蓄積期）の犠牲となった。こうした児童虐待の歴史的経緯を経て，今日，国際的に子どもの権利・保護を定めたのが国連総会で1989年に採択された「児童の権利に関する条約」（日本は1994年に批准）である。

　こうして現代社会においては，国際的に子どもの権利・人権は保護されているが，依然として児童虐待は存在する。また，わが国においても年々増加している。

　児童虐待の定義は「児童虐待の防止等に関する法律」（以後「児童虐待防止法」）の第2条第1項から第4項に規定してある。具体的には以下の通りである。第1項〔身体的虐待〕：身体に外傷が生じ，又は生じるおそれのある暴行を加えること，第2項〔性的虐待〕：児童にわいせつな行為をすること又は児童をしてわいせつな行為をさせること，第3項〔ネグレクト〕（養育の放棄・怠慢）：児童の心身の正常な発達を妨げるような著しい減食又は長時間の放置，保護者以外の同居人による前二号又は次号に掲げる行為と同様の行為の放置その他の保護者としての監護を著しく怠ること，第4項〔心理的虐待〕：児童に対する著しい暴言又は著しく拒絶的な対応，児童が同居する家庭における配偶者に対する暴力（配偶者（婚姻の届を出していないが，事実上婚姻関係と同様の事情にある者を含む。）の身体に対する不法な攻撃であって生命又は身体に危害を及ぼすもの及びこれに準ずる心身に有害な影響を及ぼす言動をいう。）その他の児童に著しい心理的外傷を与える言動を行うこと，等となっている。

　図表1−11は，児童虐待の相談種別対応件数の年次推移である。児童相談所の相談件数の総数は2013（平成25）年の73,802件から以降年々増加し，2017（平成29）年には133,778件と倍近く増加し，過去最高となっている。また，同期間の虐待の種別区分を見ると心理的虐待の伸びが最も著しく28,348件から72,197件にと倍以上も増加している。次いで身体的虐待が多く19,627件に26,821件に，そして，身体的虐待が24,245件から32,223件に，保護の怠慢・拒否（ネグレクト）が19,627件から26,821件に増加している。

　このように児童虐待が年々増加している要因として，①離婚率の上昇，②母子家庭の貧困，③家庭の養育機能の低下，④家庭・家族と近隣社会との関

図表 1 − 11　児童虐待の相談種別対応件数の年次推移

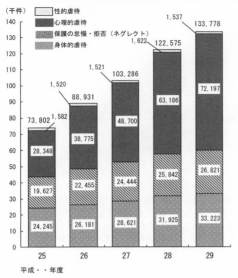

出所）厚生労働省「福祉行政報告例の概況（平成 29 年度）」

係性の希薄化，⑤ 子どもを養育するのに精神的に未熟な親の存在等が考えられる。

　　最後に児童虐待の防止対策であるが，既述したように「児童虐待防止法」の各条文に明記されている。対策として被児童虐待を最優先するのが通常であるが，児童虐待の当事者（親・同居人）に対するソーシャル・ケアも必要である。具体的には被虐待児（要保護児童）に対する自立支援として各家庭における保護者の愛情のもとでの養育が望ましいが，それがどうしても不可能な場合，社会的養護（乳児院，児童養護施設あるいは里親家庭への委託）による援助が望ましい。また，虐待者に対する支援・援助も必要である。児童虐待は事前の防止が理想であるが，そのためには地域の福祉機関，教育機関・団体との連携が必要であるが，最も大切なのは，児童虐待を発見した地域住民の関係機関（児童相談所・自治体の担当機関）への連絡・通報が重要となる。すなわち，地域社会における各住民の連携・連帯が大切となる。

注）
1) 厚生労働統計協会編『国民の福祉と介護の動向（2018 ／ 2019)』厚生労働統計協会，2018 年，p.80
2) 湯浅誠『反貧困─「すべり台社会」からの脱出』岩波新書，2008 年，pp.19-32
3) 阿部彩『子どもの貧困』岩波新書，2008 年，「はじめに」p.v

参考文献
厚生労働省『厚生労働白書』各年度
『国民の福祉と介護の動向（2018 ／ 2019)』厚生労働統計協会，2018 年

成清美治・加納光子編集代表『現代社会福祉用語の基礎知識（第 13 版）』学文社，
　2019 年

成清美治『私たちの社会福祉』学文社，2016 年

尾木直樹『いじめ問題をどう克服するか』岩波新書，2013 年

成清美治『私たちの社会福祉』学文社，2016 年

● プロムナード

　2018 年 12 月 18 日に世界経済フォーラム（WEF）による「世界ジェン
ダー・ギャップ報告書」（「男女平等ランキング 2018」）によると，日本は
対象国 149 カ国のうち第 110 位でした。このランキングを決める指数の数
値化は，経済，教育，政治，保健の 4 分野です。日本は，このうち教育分
野（近年，女性の高等教育や専門教育への就学が高くなっています）と保健
分野（女性の平均寿命は 85 歳で，男性の平均寿命 80 歳を上回っている）
の指数は高くなっていますが，問題は経済分野と政治分野です。この 2 つ
の分野は極端なスコアとなっています。その理由は，経済分野における男女
の賃金格差，企業における管理職比率の低さ等が原因となっています。また，
政治分野においては男性議員に対する女性議員の比率が圧倒的に低いことが
低数値の理由となっています。なお，順位の高い国は男女平等を原則として
いる北欧諸国，アイスランド，ノルウェー，スウェーデン，フィンランド，
デンマークです。
　これらの国々はすべて国民の税負担は高いが，社会保障制度が整備された，
「幸福度の高い幸せな」国々です。残念ながら，日本は G7（先進 7 カ国首
脳者会議）のなかで最も女性の地位が低い「男女格差」の恒常化した国です。
　男女平等思想の普遍化のもとで女性の政治力，労働力等を高めていくこと
が将来の国づくりにとって大変重要になると考えます。

🖊 学びを深めるために

吉野源三郎『君たちはどう生きるか』岩波書店，1982 年
　　同書は主人公コベル君が成長過程において，人生をいかに生きるかについて描
　いた作品で是非若い人たちに一読してほしいベストセラー本です。
ヘレン・ラッセル／鳴海深雪訳『幸せってなんだっけ』CCC メディアハウス，
　2017 年
　　デンマークは「世界一幸せな国」として有名ですが，同書では著者（イギリス
　人）がデンマークに移住して，「ヒュッゲ」（心温かい暮らし）を体験して幸せを
　実感するというストーリーです。デンマークを体感したい人にお勧めです。

第 2 章

現代社会と社会福祉

1 社会福祉の概念

(1)「社会福祉」の意味

　「社会福祉」と聞いて，あなたはどのようなことをイメージするだろうか。たとえば，「困っている人を手助けすること」「虐待を受けた子どもたちを保護すること」「お年寄りや障害のある方に必要なサービスを提供すること」「地域活動を通して住民同士のつながりをつくっていくこと」など，毎日を過ごすなかで，身近に見聞きしたことのある場面や出来事から，「社会福祉」の意味やその取り組みを捉えるかもしれない。

　「社会福祉の定義は定義する人の数ほどある」といわれるように，国や時代背景によってさまざまであるが[1]，基本的に人びとの幸せにつながる言葉である。「社会福祉」は英語で Social Welfare と表記され，Social（社会の）と Welfare（福祉）という言葉から成り立っている。特に Welfare には，「Well（安楽に・健康で）＋ fare（やっていく・暮らす）」という意味がある。また，漢字の「福祉」についても，「幸い」「幸福」を意味するとされている。「天の授けるきわみ（終わり）のない齢を全うして喜びに授かること」にあるといわれる。これらの意味からもわかるように，「社会福祉」とは，人びとが健康で幸せなくらしを営むこと，そのための取り組みを示す言葉であるといえる。

　私たちは，日々の生活を送るなかで，自ら健康を維持したり，自らの意思決定のもとで自分が持つ力を発揮しながら，"幸せ"を実感することができる。しかし，長い人生を送るなかでは，個人や家族の力だけでそうした"幸せ"を実現することが難しい状況も起こりうる。そのような時，人間らしい生活や，その人らしいくらしを実現するための"社会的な"取り組み，すなわち「すべての人びとが人生の諸段階を通じて幸せな生活を送ることを目指す，個人から行政までのさまざまな活動」としての「社会福祉」が重要な意味を持つ[2]。つまり，「社会福祉」とは，「国民の健康で幸せな日常生活をもたらすための公・民の社会施策，援助活動」[3] であり，「福祉をめぐるところの社会的方策あるいは社会的努力である」[4] と説明することができる。

(2)「社会福祉」の捉え方

　「社会福祉」については，それ自体を目指すべき理念や思想，すなわち「目的概念」として理解する捉え方がある。たとえば，「社会福祉とは，みんなが幸せに生きることができる社会を目指す考え方です」という文章においては，「社会福祉」という言葉そのものが到達すべき目標を意味する。

　この「目的概念」としての「社会福祉」は，時代背景や各国の仕組みや社会状況などによって異なるものであり，複数の理念や価値，思想や考え方によって表すことができるが，代表的なものとしては，「ヒューマニズム」「隣人愛」

「人権尊重」「平等」「社会正義」「ノーマライゼーション」「自立支援」「権利擁護」などがあげられる[5]。

たとえば，2000年に社会福祉事業法の改正により制定された社会福祉法では，第1章総則において，「個人の尊厳の保持を旨とし，その内容は，福祉サービスの利用者が心身ともに健やかに育成され，又はその有する能力に応じ自立した日常生活を営むことができるようにするものとして，良質かつ適切なものでなければならない」(「福祉サービスの基本理念」(第3条))と規定しており，利用者の「尊厳」や「自立」を強調する内容が示されている。また，福祉サービスの提供においては，「福祉サービスを必要とする地域住民が地域社会を構成する一員として日常生活を営み，社会，経済，文化その他のあらゆる分野の活動に参加する機会が確保されるように地域福祉の推進に努めなければならない」(「地域福祉の推進」(第4条))，「利用者の意向を十分に尊重する」(「福祉サービスの提供の原則」(第5条))など，利用者を主体としたサービス提供やそれを通じた利用者の社会参加が重視されている。同法第8章「福祉サービスの適切な利用」第2節「福祉サービス利用の援助等」では，福祉サービス利用の援助や苦情の解決など，利用者の権利擁護に関する取り組みについてもふれられている。

「社会福祉」には，このような「目的」としての意味合いとともに，「実体」としての側面がある。これは，社会福祉が目指す目的を達成するための実際の方法や手段として理解する捉え方である。たとえば，「スウェーデンでは，「余暇」も社会福祉に関する施策の1つです」という文章においては，「社会福祉」は日々の生活を送るうえでの具体的な方策を表している。また，「私は保育士として，社会福祉に携わっています」という一文において，「社会福祉」はサービスやその提供に関する活動や取り組みを意味している。

このように，「社会福祉」の捉え方については，理念や思想など目的レベルで捉える側面と，制度・政策，実践・技術など実体レベルでとらえる側面があり，これら「目的概念」と「実体概念」の両方の側面を理解する視点が求められる。

> **社会福祉法**
> 社会福祉を目的とする事業の共通的基本事項を定め，社会福祉に関する他の法律とともに，利用者の保護，地域福祉の推進，福祉事業の適正な実施，事業者の健全な発達を図り，福祉を増進することを目的としている。

2 社会福祉の基本理念

(1) 日本国憲法と「社会福祉」

1) 生存権

生存権は人間が人間として生きていくうえでの最も基本的な権利である。生存権が始めて規定されたのはドイツのワイマール憲法(1919年)であるといわれている。19世紀中頃以降，イギリスで広まった経済活動などへの国家の干渉を排除する自由放任(レッセフェール)の考え方からの転換とともに登場した。

人間らしい生活が問う生存権保障の考え方は，第二次世界大戦後には世界的に普及し，各国の憲法や社会保障，社会福祉に関する法制度に導入された。

　わが国においても，国民の生活は「法治国家」のもとで法律に基づいて営まれており，さまざまな法制度が存在しているが，その根幹をなしているのが日本国憲法である6)。この日本国憲法では，第25条において，「すべて国民は，健康で文化的な最低限度の生活を営む権利を有する」(同条第1項)と国民の権利として生存権を保障しており，そのために，「国は，すべての生活部面について，社会福祉，社会保障及び公衆衛生の向上及び増進に努めなければならない」(同条第2項)として国家による保障の責任を規定している。

　今日，憲法第25条に規定される生存権は，社会保障関係の法制度の最も基本的な理念となっている。そのきっかけとなっているのが，第二次世界大戦後，1950(昭和25)年に示された「社会保障制度に関する勧告」(以下，1950年勧告)である。この勧告は，当時の社会保障制度審議会が憲法第25条の生存権規定を受けて，社会保障制度の枠組みを公衆衛生，社会福祉との関連を含めて述べている(第3章参照)。

　当時，第二次世界大戦終了後の混乱期にあって，戦争の被害を受けて窮乏した国民や，傷痍軍人・負傷兵，戦災孤児などへの社会的な救済が急務であった。日本国憲法第25条の理念と社会的な要請に応えるため，1950年勧告のもと，「社会福祉」においては，社会保障の一環として，まず戦争によって「最低限度の生活」を営むことが困難な状況にある人を救うことが求められた。当時の社会状況を背景として，1950年勧告で示された「社会福祉」の対象やサービスは限定的ではあったが，その後，この勧告で示された内容は，「社会福祉」の定義として，社会福祉の法制度や実施体制を確立していくうえで大きな影響を与えた。

2) 人権尊重

　日本国憲法においては，国民の権利，基本的人権について述べた主要な規定として，次のようなものを含んでいる。まず，第11条では「国民は，すべての基本的人権の享有を妨げられない。この憲法が国民に保障する基本的人権は，侵すことのできない永久の権利として，現在及び将来の国民に与へられる」として，基本的人権の尊重を明記している。また，第13条では「すべての国民は個人として尊重される」(個人の尊重)「生命，自由及び幸福追求に対する国民の権利については，公共の福祉に反しない限り，立法その他の国政の上で，最大の尊重を必要とする」(幸福追求権)，第14条では「すべて国民は，法の下に平等であって，人種，信条，性別，社会的身分又は門地により，政治的，経済的又は社会的関係において，差別されない」(法の下の平等)を定めている。

　これらの条文が示すように，憲法では，先に述べた生存権，すなわち人間らしく生きるための最低限度の生活を保障するとともに，私たち国民に一人ひと

りに，基本的な人権を保障し，個人の意思や選択に基づいた生き方を尊重することを認めているといえる。

(2)「社会福祉」実践を支える理念
1) 自立，自己決定，権利擁護

　今日，社会福祉においては，限られた特定の人びとを対象とした保護や援助にとどまらず，対象者を拡大して，新たな問題に対応するための法制度の整備や施策が展開されている。そこでは，行政機関がサービスの利用を決定するのではなく，本人の選択による契約方式に転換されるなど，利用者を主体としたサービス提供の仕組みが導入されている。

　たとえば，社会福祉法では，先に述べた通り，利用者の「自立」を支援する福祉サービス，利用者の意向を尊重したサービス提供，サービス利用における利用者の権利性の確保など，利用者本位のサービスのあり方が示されている。

　「自立」については，生活課題を抱えるサービス利用者が，自らの責任と判断で自らの生活を管理し，主体的に生きることを尊重する視点が重視されている。一般に「自立」は，経済的，職業的，身辺的などの側面から捉えられるが，古くからの自立観においては，個人の力だけでそれらが成り立つことのみが「自立」と捉えられ，それが容易でない状況にある人は自立困難であるとみなされがちであった。このような捉え方に一石を投じたのが，1970年代のアメリカで重度障害者による自立生活運動であり，この運動が新たな自立観を提起した取り組みとして評価されている。近年，「自立」は，わが国における社会福祉の法制度や福祉サービスの提供においても主要な基本理念の一つとなっている。

　利用者の意向の尊重については，本人の「自己決定」が重要な意味を持つといえる。「自己決定」とは，自分の意思で自らのあり方を決定する権利であり，福祉サービスにおいても，利用者をサービスの対象者として受け身的に位置づけるのではなく，自らの人生を自分の意思で送る立場にある者として主体的に捉えることが重要とされている。

　利用者の権利性の確保，すなわち「権利擁護」とは，アドボカシー（advocacy）ともいわれ，自分の権利やニーズを自ら主張することが困難な人に代わってその権利やニーズを主張し，また自分で権利を行使できるように支援することである。近年，認知症，知的障害，精神障害などで判断能力が十分でない方が福祉サービスの利用契約やサービスの活用において不利益を被らないように，支援を必要とする事例が生じている。そのような場合には，できる限りその意思をくみ取り，自己決定を支援することが大切である。また，サービス利用者がサービス提供者より弱い立場にさらされ，身体拘束や権利侵害などを受けることのないよう，利用者の「権利擁護」とともに，利用者の強さ・能力を引き出

したり，権利を強化するエンパワメント（empowerment）を活かした支援が求められている[7]。

2）ノーマライゼーション

　ノーマライゼーションとは，高齢者や障害者などがあるがままの姿で他のひとびとと同等の権利を持ち，その人にとってノーマルな生活をできるような社会を実現するという考え方で，1950年代始め，デンマークで発足した知的障害児を持つ親の会の運動がきっかけとなっている。1850年代以降進められた知的障害者に対する処遇は，1,500床を超えるほどの巨大施設に多くの知的障害児者を収容するもので，物理的にも質的にも劣悪なものであった。そうした社会の対応に問題意識を持った親や家族が処遇の改善を目指して会を発足した。当時，デンマーク精神遅滞者協会会長，障害者福祉の政策立案者であったバンク-ミケルセン，N. E.（Bank-Mikkelsen, Neils Erik 1919-90）は，親の会に参加するなかで，小規模の施設を地域に作り，他の子どもたちと同様に教育を受ける機会を持たせたいといったひとびとの願いに共鳴し，「知的障害を持っていても，その人は，ひとりの人格を持つものであり，ノーマルなひとびとと同じように生活する権利を持つ人間である」という立場から，ノーマライゼーション（デンマーク語では Normaliserling）という用語を打ち出した。この考え方は，知的障害者のひとびとへのサービスを規定する「1959年法」に盛り込まれ，新たな法律が制定するに至った[8]。

　その後，ノーマライゼーションの思想は，ヨーロッパやアメリカでの発展を重ね，1981年の国際障害者年を契機として国際的に認められるに至った。国際年のスローガンとなった障害を持つ人びとの社会への"完全参加と平等"は，日本を含めて各国における障害者福祉に関する基本的枠組みを変え，社会福祉全体の理念としても受け入れられている。

■3■　社会福祉の歴史的変遷

（1）近代化と社会福祉

　社会福祉を支える人権や基本理念は，「人々の努力によって歴史的に発展してきたもの」である[9]。その経過においては，貧困や病気，災害など，人びとのくらしを脅かす問題に対して展開されてきた，血縁関係や地縁関係による助け合いや，宗教的な考え方に基づく慈善活動，その時代の権力者による施しや救済などさまざまな助け合い・支え合いのかたちを見ることができる。

　なかでも，近代資本主義社会においては，市民がさまざまな権利を確立し，自らの生活に責任を持つ，自助・自己責任の考え方が広がり，資産のない多くの労働者が近代的な工業制度のもとで過酷な労働，貧困や失業などの問題に直面し，国による公的な法制度，すなわち社会福祉制度の整備の必要性が認めら

れるようになった[10]。早くに産業革命や市民革命を経験したイギリスは，その段階を経て，後に世界に先駆けて福祉国家を形成しており，社会福祉の歴史において典型的なモデルを示している。

ここでは，イギリスと日本が近代化を経てどのような社会状況に直面し，どのような取り組みを展開してきたのか，社会福祉の公的な制度の確立を中心にその歴史的な変遷を見ていく。

(2) イギリスにおける社会福祉の歴史

14〜15世紀のイギリスでは，貨幣経済が浸透し，中世封建社会のしくみが大きく変化する時期にあった。14世紀には，ヨーロッパ全体でペストが大流行したことなどを受けて，貧しいひとびとの乞食・移動が禁止された。15世紀から16世紀になると，囲い込み運動や，ヘンリー8世（Henry Ⅷ, 1491-1457）による宗教改革（修道院の解体）などをきっかけに，領主の保護のもとで相互扶助によって生計を立てていた多くの農民たちが土地を追われ，大量の浮浪者・貧民が出現した。そこで，深刻化する浮浪者・貧民への対策として，エリザベス救貧法（the Elizabethan Poor Law, 1601年）が登場した。この法律では，国民の救貧税（poor rate）納付を義務づけ，救貧法の運営については教区を単位として，治安判事の監督のもとに行うこととした。また，労働無能力者に対しては救貧院（poor house）で公的な救済を行い，労働能力者については労役場（workhouse）での就労を強いた。さらに，労働能力を持ちながら浮浪者・乞食の状態にある者は処罰し，貧民の子弟に対しては授産，就労や，徒弟奉公を強制した。このように，世界ではじめて登場した救貧制度は，治安維持や労働力の確保を目指した抑圧的なものであった。救貧院については，後に，児童，高齢者，障害者のための施設として発展している。労役場については，ワークハウス・テスト法（the Workhouse Test Act, 1722年）のもとで貧民を収容・管理して過酷な労働を課すことで，救貧そのものを抑制し，救貧にかかる費用を削減する効果があると考えられるようになった。

18世紀中頃以降には，資本主義経済が進展する一方で，自らの力で生きることができない大量の貧困者層が出現し，院外救済を推進するギルバート法（the Gilbert's Act, 1782年）やスピーナムランド制度（Speenhamland System, 1795年）などの新たな救貧対策が試みられた。しかし，それらの取り組みは救貧費の拡大を招き，特に都市における貧民が増加した。

この状況を受けて，政府は，新救貧法（the New Poor Law, 1834年）を定め，懲罰的，非人間的な処遇をより徹底することで救貧制度の厳格化を図った。具体的には，救貧の対象となる者は一般生活水準以下の保護を受ける「劣等処遇の原則」（the principle of less-eligibility）のもと，労役場での処遇，中央救貧行政局による全国均一処遇が実施された。このような制度が登場した背景には，当

時の社会がレッセフェール (laissez-fire)，すなわち自由な経済競争を尊重し，国家によるあらゆる干渉を最小限に抑えた夜警国家を基調とした考え方がある。また，"人口の増加は，常に食糧の増加を上回る。ゆえに貧民の救済は，無駄であるだけでなく，貧民の増大さえ招く"と説いたマルサス (T. R. Malthus, 1766-1834年) の『人口論』(1798年) や，ダーウィン (C. R. Derwin, 1809-1882年) の進化論を人間社会に適用した社会進化論 (Social Darwinism) の影響も少なからずあった。

　貧困の問題をめぐって，社会の関心が高まり，慈善組織協会 (Charity Organization Society：COS) やセツルメント (settlement) 運動など民間による取り組みも展開された。そのようななかで，生活の困窮が単に個人に起因するものではなく，社会的にも要因があることを科学的に示す調査が登場した。その代表的なものがチャールズ・ブース (C. Booth, 1840-1916年) のロンドン調査 (1886-1888年)(『ロンドン市民の生活と労働』Life and Labour of People in London, 1903年) [全17巻]) とシーボーム・ラウントリー (B. S. Rowntree, 1871-1954) のヨーク調査〈第1次調査〉(1899年)(『貧困−都市生活者の一研究』Poverty, A Study of Town Life, 1901年) であり，それぞれ都市と地方における労働者の貧しい生活実態を明らかにした。これらの調査は，一般市民の3分の1が貧困状態にあり，その主な原因は，低賃金，不規則な就労形態，失業など社会的な要因にあることを統計的に実証した。

　また，同じ時期，ウェッブ夫妻 (S. J. Webb, 1859-1947年 & B. Webb, 1858-1943年) が，救貧法の廃止し，国家が国民に最低限の生活水準 (ナショナル・ミニマム) を保障するという，後のイギリス社会保障の基本理念となる考え方を示した。

　イギリス社会保障については，1942年，ベヴァリッジ (W. Beveridge, 1879-1963年) が「社会保険及び関連サービス」(通称ベヴァリッジ報告) を打ち出している。ベヴァリッジは，当時，戦争によってイギリス社会が直面していた問題を"5つの巨人"(Five Giant's Evils)，すなわち窮乏 (Want)，疾病 (Disease)，無知 (Ignorance)，不潔 (Squalor)，怠惰 (Idleness) としてとらえ，それらの問題を克服して，国民に必要最低限の生活水準 (ナショナル・ミニマム) を保障することを提案した。そして，第二次世界大戦後，ベヴァリッジ報告に基づいて，イギリス政府は福祉国家に向けた体制づくりを進め，公的扶助，医療，教育，住宅・都市計画，完全雇用による社会保障の仕組みは諸外国のモデルとなった。

(3) 日本における社会福祉

　日本における最初の救貧制度，貧困者の救済に関する法律は明治期に見られる。この時期，新政権が富国強兵，殖産興業の旗印のもとで近代化の道を邁進するなかで，江戸時代に藩で行われていた貧窮者に対する救済に代わる取り組

みとして，1874（明治7）年，恤救規則が制定された。この法律では，救済は本来，「人民相互の情誼」，すなわち血縁（家族），地縁（共同体）に基づく相互扶助を原則とされ，救済対象となるのは頼れる者のいない「無告の窮民」であり，労働不能な者とされた。

　日清・日露戦争期には，恐慌や自然災害が生じ，生活に困窮する人びとが増加した。政府が恤救規則の一時的な拡充などで対応を図る一方，民間による慈善事業も展開された。

　昭和期に入り，太平洋戦争へと歩みを進めるなかで，救護法による公的救済は大幅に縮小された。戦時体制下では，健民健兵政策の一環として，人的資源の保護育成を目指した法律が多く，1937（昭和12）年に母子保護法，1937（昭和12）年に軍事扶助法，1940（昭和15）年に国民優生法，1941（昭和16）年に医療保護法などが制定されている。また，国民の体力向上と福祉増進に向けて，1937（昭和12）年に厚生省が創設された。

　第二次世界大戦後は，引揚者，失業者，浮浪者，戦災孤児，戦傷病者などがあふれ，貧困問題への対応が急務となった。この状況を受けて，1946（昭和21）年，GHQ（連合国総司令部）が非軍事化・民主化政策の一環として，生活困窮者を救済保護するための計画を推進する「社会救済に関する覚書」（Public assistance, SCAPIN755，1946年）を提示した。

　GHQの原則のもと，1946（昭和21）年に旧生活保護法が成立した。同じ年，民生委員令が公布され，方面委員が民生委員として生活保護の補助機関に位置づけられた。1950（昭和25）年には旧生活保護法を全面改正した生活保護法が制定され，1946（昭和21）年に公布された日本国憲法第25条（生存権，国の生存権保障義務）に基づき，国民に最低限度の生活を保障する公的扶助制度が完成した。この他，戦災浮浪児や孤児，非行児童などの問題が深刻化するなかで，1947（昭和22）年に児童福祉法が制定された。また，戦争による傷痍（しょうい）軍人や戦災障害者など，身体に障害を持つ人びとへの対応をするため，1949（昭和24）年に身体障害者福祉法が成立し，"福祉三法"が確立した。これら三法に加え，1950（昭和25）年に「社会保障制度に関する勧告」（1950年）が出されており，日本国憲法第25条「生存権」の理念のもとで，社会保険，国家扶助（生活保護），公衆衛生・医療，社会福祉から成る日本の社会保障制度の体系を明らかにした。翌年には，社会福祉事業を実施する組織および運営に関する社会福祉事業法（1951年）が成立した。

　1960年代以降になると，日本経済が急速に成長し，社会の構造が大きく変化するなかで生活問題が多様化した。この時期，特に，医療保障や老後保障が大きく前進し，1958（昭和33）年に国民健康保険法，1959（昭和34）年に国民年金法が成立し，国民皆年金・皆保険が実現した。社会福祉関係法については，1960（昭和35）年精神薄弱者福祉法（現 知的障害者福祉法），1963（昭和38）年に

老人福祉法，1964（昭和39）年母子福祉法（現　母子及び父子並びに寡婦福祉法）
が成立し，昭和20年代に成立した三法と合わせて，“福祉六法”が確立した。

　さらに，1970年代初めには，60年代以降の飛躍的な経済発展が社会保障・
社会福祉の進展に大きく寄与し，“福祉元年”をスローガンのもと，経済優先
から福祉優先の政策への転換が打ち出された。しかし，1973（昭和48）年のオ
イルショック以降，赤字財政の長期化によって，経済の停滞・低成長の時代へ
と入り，過労死，住宅・教育ローンの重圧，老後不安，健康不安などの社会問
題や，少子高齢化社会への対応に迫られることとなった。

　戦後の社会福祉サービスは，社会福祉六法及び社会福祉事業法を根拠に，行
政の判断でその利用や内容を決定する措置制度によって展開してきた。1980
年代以降は，国民の誰もが福祉サービスを利用する時代を迎えて，社会福祉
サービスに対するニーズが多様化・高度化し，国民全体の生活をどのように保
障していけばよいかが問われるようになった。そして，先の日本型福祉社会を
受けて，政府はこれまでの社会福祉のあり方を大きく見直す改革に着手して
いった。

　1990年代以降，日本型福祉社会構想のもとで法改正や計画の策定が行われ，
老人福祉にかかる措置費など国の福祉費用が増大し，さらなる改革が必要と
なった。この実態を受けて，「社会保障制度の再構築（勧告）」（1995年）では，
社会保障が貧困の予防と救済から国民全体の生活保障へと変容するなかで，
ニーズがある者に対して所得や資産の有無・多寡にかかわらず必要な給付を行
うこと，その費用については，サービスの性質に応じ，負担能力のある者に応
分の負担を求め，社会保障がみんなのためにみんなで支えていく制度として国
民の信頼を確保していくこと，さらには，ニーズの多様化や高度化に対応した
種々のサービスを利用者の意思で選ぶことのできる選択性を備えることなどを
21世紀に向けた社会保障制度の整備充実の原則として位置づけた。この流れ
にあって，1997（平成9）年には，介護に対する社会的な支援体制として，社
会保険方式による公的介護保険制度が成立した。

　2000（平成12）年には，社会福祉の増進のための社会福祉事業法等の一部を
改正する法律が成立し，社会福祉事業法が社会福祉法に改正された。「個人が
尊厳を持ってその人らしい自立した生活が送れるよう支える」という社会福祉
の理念に基づいて，① 利用者の立場に立った社会福祉制度の構築，② 利用者
保護のための制度の創設，③ サービスの質の向上，④ 社会福祉事業の充実・
活性化，⑤ 地域での生活を総合的に支援するための地域福祉の充実などが促
進された。この他，2000（平成12）年に児童虐待の防止等に関する法律（児童
虐待防止法），2005（平成17）年に障害者自立支援法（現・障害者総合支援法），
2012（平成24）年に子ども・子育て支援法，2013（平成25）年に子どもの貧困
対策の推進に関する法律（子どもの貧困対策推進法），生活困窮者自立支援法な

児童虐待の防止等に関する法律（通称 児童虐待防止法）
児童虐待の定義（身体的虐待・性的虐待・ネグレクト・心理的虐待）を定め，児童虐待の早期発見や保護に向けた関係機関の整備，児童委員や児童福祉司の立ち入り調査の権限，保護者の親権制限などを明確に規定している。

子ども・子育て支援法
児童福祉法その他の子どもに関する法律・施策と共に，子育て支援給付その他の子どもの養育者に必要な支援を行い，子どもたちが健全に成長できる社会の実現に寄与することを目的としている。

子どもの貧困対策推進法
貧困の状況にある子どもが健やかに育成される環境を整備するとともに，教育の機会均等を図るため，子どもの貧困対策を総合的に推進することを目的としている。

どが制定されている。

　近年，家族関係や地域の人間関係が希薄化するとともに，地域社会における生活問題が多様化・重層化している。家庭や地域において，子どもたちを見守り，育んでいくことが難しい社会にあって，生活における子ども虐待や家庭内暴力，学校生活におけるいじめや非行，不登校などの問題が深刻化しているなか，社会福祉による法の整備や運用のあり方，支援の充実がより一層求められている。

4　社会福祉の専門職

（1）社会福祉に関する主な資格

　社会福祉分野における専門性を示すものとして資格があり，その代表的なものとして，「社会福祉士」，「介護福祉士」，「精神保健福祉士」がある。これらのうち，「社会福祉士」および「介護福祉士」は1987（昭和62）年に成立した「社会福祉士及び介護福祉士法」に基づく資格である。この法律において，「社会福祉士」は「第二十八条の登録を受け，社会福祉士の名称を用いて，専門的知識及び技術をもつて，身体上若しくは精神上の障害があること又は環境上の理由により日常生活を営むのに支障がある者の福祉に関する相談に応じ，助言，指導，福祉サービスを提供する者又は医師その他の保健医療サービスを提供する者その他の関係者との連絡及び調整その他の援助を行うことを業とする者」（第二条第一項）と規定されている。また，「介護福祉士」は「介護福祉士の名称を用いて，専門的知識及び技術をもって，身体上又は精神上の障害があることにより日常生活を営むのに支障がある者につき心身の状況に応じた介護を行い，並びにその者及びその介護者に対して介護に関する指導を行うことを業とする者」（第二条第二項）と規定されている。他方，「精神保健福祉士」については，1997（平成9）年に成立した「精神保健福祉士法」が根拠法となっており，「第二十八条の登録を受け，精神保健福祉士の名称を用いて，精神障害者の保健及び福祉に関する専門的知識及び技術をもって，精神科病院その他の医療施設において精神障害の医療を受け，又は精神障害者の社会復帰の促進を図ることを目的とする施設を利用している者の地域相談支援の利用に関する相談その他の社会復帰に関する相談に応じ，助言，指導，日常生活への適応のために必要な訓練その他の援助を行うことを業とする者」（第二条）と規定されている。

　「社会福祉士及び介護福祉士法」，「精神保健福祉士法」のいずれにおいても，国家試験に合格した者は各資格を有することができるが，資格を有する者が「社会福祉士」，「介護福祉士」，「精神保健福祉士」となるためには，厚生労働省令に備えられた資格ごとの登録簿に登録をし，資格に応じた登録証の交付を受けなければならないことが示されている。

　また，業務上の義務として，「誠実義務」「信用失墜行為の禁止」「秘密保持義務」や，福祉サービス関係者等との「連携」「資質向上の責務」「名称の使用制限」が明記されている。

　これら３資格に加えて，社会福祉に関する主な資格として「保育士」がある。「児童福祉法」において，「保育士」は「第十八条の十八第一項の登録を受け，保育士の名称を用いて，専門的知識及び技術をもつて，児童の保育及び児童の保護者に対する保育に関する指導を行うことを業とする者」（第十八条）と定義されている。また，同法では，「保育士」の資格は，都道府県知事の指定する保育士を養成する学校その他の施設を卒業した者，または保育士試験に合格した者が有することができること，保育士になるには都道府県に備えられた保育士登録簿に登録し，保育士登録証の交付を受けなければならないことが規定されている。

　「社会福祉士」，「介護福祉士」，「精神保健福祉士」，「保育士」のいずれも「国家資格」であり，有資格者以外はその名称を用いて業務を行うことが認められていない「名称独占資格」として分類される。社会福祉に関する資格には，これら「国家資格」の他，公務員が特定の業務や職種に任用されるときに必要となる「任用資格」があり，「社会福祉法」に規定されている「社会福祉主事」，「児童福祉法」に規定されている「児童福祉司」，「児童福祉施設の設備及び運営に関する基準」に規定されている「児童指導員」「母子支援員」「児童生活支援員および児童自立支援専門員」などがある。

（2）専門職としての価値と倫理

　社会福祉の専門職として職務に取り組むための条件の一つとして，倫理綱領の存在があげられる。一般に，専門職は，専門の知識や技術を身につけるとともに，それぞれの専門職が大切にする考え方，目指す価値を実現するため，職業上のきまりごとを遵守することが求められる。福祉専門職による実践においても，人びとの生活に深く関わり，影響を及ぼす仕事であり，その実践においては，必要な「知識」「技術」を身につけるとともに，利用者が安心して，信頼感を持ち，公平に支援や援助を受けることができるように，どのような「価値」を目指し，どのような「職業倫理」を守るのかを専門職として公に示すことが求められる。倫理綱領は，社会福祉の専門職にとって，指針，目標となるとともに，万が一，倫理に逸脱した場合には専門職団体からの懲戒を加えるなど，専門職団体の質を確保する働きも持っている[11]。主な倫理綱領としては，「社会福祉士の倫理綱領」「精神保健福祉士の倫理綱領」「日本介護福祉士会倫理綱領」「全国保育士倫理綱領」などがある。なお，「保育士」については，「保育所保育指針」において，「保育所職員に求められる専門性」として，「子どもの最善の利益を考慮し，人権に配慮した保育を行うためには，職員一人一

人の倫理観，人間生並びに保育所職員としての職務並びに責任の理解と自覚が基盤となる」ことが示されている。

注）

1）岩田正美・武川正吾・永岡正己・平岡公一編『社会福祉の原理と思想』有斐閣，2003年，p.20
2）蟻塚昌克『入門　社会福祉の法制度』ミネルヴァ書房，2008年，pp.2-3
3）成清美治編『新・社会福祉概論』学文社，2003年，p.3
4）一番ヶ瀬康子『社会福祉とは何か─現代の社会福祉Ⅰ』ミネルヴァ書房，1983年，p.7
5）岩田・武川・永岡・平岡，前掲書，p.21
6）倉石哲也・小崎恭弘編『社会福祉』ミネルヴァ書房，2017年，p.11
7）河野正輝他編『社会福祉法入門』有斐閣，2008年，p.10, 27, 29, 30, 104, 105
8）花村春樹『「ノーマライゼーションの父」N・E・バンク-ミケルセン　その生涯と思想』ミネルヴァ書房，1994年，pp.78-81
9）岩田・武川・永岡・平岡，前掲書，p.107
10）全国社会福祉協議会，前掲書，pp.42-44
11）北本佳子「第1章　福祉専門職と社会福祉援助技術」北本佳子・湯浅典人編著『社会福祉の新潮流⑧社会福祉援助技術論』学文社，2005年，pp.11-12

参考文献

成清美治・加納光子編著『新版 社会福祉第二版』学文社，2007年
児童育成協会監修／松原康雄・圷洋一・金子充編『新基本保育シリーズ④社会福祉』中央法規，2019年

プロムナード

すべての物事に背景があるように，社会福祉をめぐる取り組みにおいても歴史的な因果関係を見ることができます。たとえば，今日の社会福祉に関する法制度やサービスが整備されるまでには，社会が直面する問題に対応するために展開された，先人によるさまざまなアイデアや活動がありました。常に変化をともなう“社会”にあって，専門的な実践を通して，人間らしい生活を保障し，その人らしい暮らしを実現するための仕組みをより充実するために，時代を重ねながら培われた理念とともに，社会状況の変化に応じた新たな視点が求められています。

学びを深めるために

澤度夏代ブラント『デンマークの子育て・人育ち』大月書店，2005年
　福祉国家デンマークにおいて，子どもが社会の「資源」としていかに育まれてきたかを学ぶことができる一冊です。
辻井正『世界で一番幸せな子どもたち−オランダの保育−』オクターブ，2009年
　多様性を尊重するオランダ社会における幼児教育・保育を通して，日本の幼児教育・保育のあり方を考えることができる一冊です。

第 3 章

社会福祉の制度と実施体制

1　社会保障及び関連制度の概要

（1）社会保障制度とは

　人は，誰でも生まれてから死ぬまで病気やけが，心身の障害，育児，貧困，所得の低下，失業，老齢，介護など，生活を不安定にさせる何らかのリスクを背負いつつ，暮らしている。

　社会保障制度は，これらのリスクを個々人の責任や自助努力だけに任せるのではなく，社会全体が力をあわせて助け合いの精神のもとで（相互扶助），健やかで安全・安心に生活が営めるように形（制度）にしたものといえる。そのために，社会保障制度には，リスクの分散という大きな目的があり，そのほかにも，富の再分配（所得再分配）や，防貧・救貧，社会の安定化という機能を果たしている。

　日本の社会保障制度は，日本国憲法第25条（生存権保障）を具現化したものとして，1950年社会保障制度審議会の「社会保障制度に関する勧告」では，社会保障制度について次のように述べている。

　「社会保障制度とは，疾病，負傷，分娩，廃疾，死亡，老齢，失業，多子その他困窮の原因に対し，保険的方法又は直接公の負担において経済保障の途を講じ，生活困窮に陥った者に対しては国家扶助によって最低限度を保障するとともに，公衆衛生および社会福祉の向上を図り，もってすべての国民が文化的社会の成員たるに値する生活を営むことができるようにすることをいう」と記している。つまり，この勧告では，社会保障制度の構成要素は，社会保険，国家扶助（＝公的扶助），公衆衛生，社会福祉の4部門からなっており，国（運営主体）はすべての国民に対して（対象），最低限度の文化的な生活を保障する（支援水準）ことを明確にしている。

　したがって，日本の社会保障制度は，この勧告によって全体像が確立されるようになったといえる。

（2）社会保障制度の体系と目的

　社会保障制度の体系は，図表3－1のようである。社会保障制度は，狭義・広義の社会保障制度とその関連制度で構成されている。狭義の社会保障制度は，「社会保険」，「公的扶助」，「公衆衛生及び医療」，「社会福祉」の4部門であり，広義の社会保障制度は，狭義の社会保障制度に「恩給」と「戦争犠牲者援護」が加わる。そして，関連制度としては，住宅制度と雇用制度がある。

1）社会保険制度

　社会保険制度は，「公的年金」，「医療保険」，「雇用保険」，「災害補償保険」，「介護保険」の5つがあり，その概要をみると，次のようである。

社会保険

　一定の要件を満たす者を強制加入させて，老齢，疾病，負傷，死亡，障害，退職等の保険事故に対し，それらにかかる費用や収入を保障する公的保険制度。給付は，原則として被保険者の性別や所得などにかかわらず，保険事故に応じて画一的になされる。財源は主として被保険者本人やその雇用主から徴収する保険料からなり，その他に保険料の運用収入や税金なども充当される。日本の社会保険制度は，大別すると，年金保険，医療保険，介護保険，雇用保険，労働者災害補償保険の5つに分けられる。

図表３－１　社会保障制度の体系

広　義	狭　義	社会保険	年金，医療保険，雇用保険，労働者災害補償保険法，介護保険
		公的扶助	生活保護，児童手当，児童扶養手当，特別児童扶養手当，障害児福祉手当，特別障害者手当と特別障害給付金
		公衆衛生及び医療	伝染病予防，上下水道管理，成人病予防，健康診断，営業改善，公害対策，食品薬物管理，都市計画など
		社会福祉	老人福祉，児童福祉，障害者福祉，母子及び父子並びに寡婦福祉，社会福祉法など
	恩　給		
	戦争犠牲者援護		
関連制度	住　宅		住生活基本法，高齢者住まい法，バリアフリー法など
	雇　用		障害者雇用促進法，高年齢者雇用安定法，労働基本法など

・公的年金制度

　年金は，年をとって退職したり，病気やけがなどで重度の障害を負ったり，生計の主な担い手の死亡により所得を失った者に対して，一定の所得を保障し，生活の安定を図るための制度である。公的年金制度は，２階建てになっており，１階部分は国民年金，２階部分は厚生年金となっている。

　保険者は政府であり，被保険者は，第１号被保険者，第２号被保険者，第３号被保険者と３つに区分されている。第１号被保険者は，国民年金加入の対象として，学生や自営業，農林漁業者，被用者年金等の被保険者でない者が該当する。第２号被保険者は，一般労働者や公務員，私学教職員など被用者が厚生年金加入の対象であり，国民年金にも加入することができる。第３号被保険者は，第２号被保険者の配偶者として公的年金に入る義務はないが，国民年金に加入することもできる。

　年金給付は，老齢年金，障害年金，遺族年金の３種類があり，年金の財源は，保険料と公費（租税）で賄っている。

・医療保険（健康保険）

　医療保険は，病気やけがをしたとき，医療費の一部を保障し，生活の安定を図る制度である。同保険は，大別して，①被用者保険，②国民健康保険，③後期高齢者医療支援制度の３つがある。被用者保険には，企業などに雇われている者を被保険者とする健康保険（一般労働者），船員保険，各種共済組合（公務員や私学教職員）がある。

　国民健康保険は，被用者保険と後期高齢者医療支援制度に加入していない地域住民を被保険者（農業や自営業など）としており，市町村と都道府県が保険者となっている。そして，後期高齢者医療支援制度は，原則として75歳以上の後期高齢者を被保険者としており，保険者は，都道府県単位で全市町村が加入する広域連合である。

　このように，医療保険は，職種や年齢などによって加入する保険が異なるが，

受けられる給付においては，大きな差がない。給付は，病気や負傷等を治癒するための医療サービスと，それによる所得損失を補填する傷病手当などがある。財源は，被保険者からの保険料と公費（租税），自己負担金（年齢と所得に応じて異なる）から調達している。

・雇用保険

　雇用保険は，失業・雇用継続等に関するものとして，労働者の生活及び雇用の安定を図ることを目的とする。この制度の適用対象は，農林漁業などの小規模事業や公務員を除いて，労働者を一人でも雇用する事業所であり，その事業所の労働者が被保険者となる。そして，保険者は政府である。

　給付は，大別して「失業等給付」と「二事業」の2つがある。「失業等給付」には，失業者の生活の安定のために支給される「求職者給付」や，再就職したときに支給する「就職促進給付」，再就職に必要な資格や新たな技術を取得するときに支給する「教育訓練給付」，介護や育児，高齢などの事由があっても，仕事を続けられるように支給する「雇用継続給付」がある。そして，「二事業」には，「雇用安定事業」と「能力開発事業」の2つがあり，主に失業の予防，雇用機会の増大，労働者の能力開発・向上その他の労働者の福祉の増進等を図る事業を行う。雇用保険の財源は，保険料と公費で賄っている。

・労働者災害補償保険（労災保険）

　労働者災害補償保険は，業務または通勤中に労働者が負傷，疾病，障害，死亡を被ったとき，労働者やその遺族の生活安定を図るための制度である。

　同保険は，一人でも労働者を雇用する全事業が適用対象になり，保険料は事業主のみが納めるが，給付は労働者とその遺族が受け取る仕組みになっている。保険者は政府である。

　給付は，負傷や疾病をした場合には「療養補償」，「休業補償」，「傷病補償」があり，治癒後に障害が残った場合「障害補償」，介護を必要とする場合「介護補償」，死亡した場合「遺族補償」，「葬祭料」がある。財源は，雇用保険と同じく保険料と公費で賄っている。

・介護保険

　介護保険は，加齢に伴って心身の変化に起因する疾病などにより要介護状態となった者に必要な介護サービスを提供し，住み慣れた地域で自立した生活を営むことができるようにする制度である。

　保険者は，市町村であり，被保険者は，第1号被保険者（65歳以上の者）と第2号被保険者（40歳以上65歳未満の医療保険加入者）の2つに区分されている。

　給付は，大別して，施設給付と居宅給付，地域密着給付の3つがある。施設給付は，介護老人福祉施設と介護老人保健施設と介護医療院の3つの施設で受ける給付である。次に，居宅給付は，地域のなかで生活しながら受けられる給付として，大きく分けると，訪問系の給付と通所系の給付，短期入所系の給付

の３つがある。最後に，地域密着給付は，地域の事情や特色に合わせて提供する給付として，「認知症対応型共同生活介護」（グループホーム）や小規模多機能型居宅介護，夜間対応型訪問介護などがある。

同保険の給付は，原則として居宅介護となっているため，ほとんどが居宅給付であり，要介護状態の程度によって利用できる介護サービスの量が決まっている。財源は，医療保険と同様に保険料と公費，自己負担（所得に応じて異なる）で賄っている。

２) 公的扶助

公的扶助には生活保護と社会手当の２種類があり，主に公費（税金）で運営されている。

生活保護は，社会保障において「最後のセーフティネット」として位置づけられている。同制度は，最低生計費以下の生活困窮者に対して「健康で文化的な最低限度の生活」の保障と自立の助長を行うことを目的としており，生活困窮者の経済的自立を主に目指している。

すべての国民に受給権利があるが，生活保護を受給するためには，資産（資産調査）や能力（稼働能力），年金，手当などあらゆるものを活用しても最低限度の生活が困難な場合，そして，扶養義務者（三親等内の親族）の扶養を優先しても生活が困難な場合（扶養は法的強制力をもってない）など，一定の要件を満たさなければならない。扶助は，生活・教育・住宅・医療・介護・出産・生業・葬祭扶助の８つがある。これらの扶助は，受給者の状況に応じて支給される。

社会手当は，法律に定められた支給要件を満たした者に対して現金を支給し，経済的負担を軽減することが目的である。社会手当は，子どもに関する手当と障害者に関する手当の２つがある。子どもにかかわる手当には，子ども手当，児童扶養手当，特別児童扶養手当，障害児福祉手当の４種類があり，障害者に関する手当は，特別障害者手当と特別障害給付金がある。これらの手当の共通する支給要件は，一定の所得制限（所得調査）がある点である。

３) 公衆衛生及び医療

公衆衛生及び医療は，国民が社会一般の人びとの健康を保持・増進させることを目的とする。そのため，さまざまな公私の機関によって，健康に悪影響を及ぼす環境を取り除いたり，その原因を追究し，疾病を予防したりする活動や，健康に関する教育などが組織的に行われる。たとえば，上下水道，伝染病予防，成人病予防，公害対策，栄養改善，都市計画，衛生教育などの活動である。

４) 社会福祉

社会福祉は，主に高齢者や障害者，子ども，ひとり親家庭など，生活を営んでいくうえで，何らかの問題や困難が生じ，社会的支援を必要とする者に対して，種々の福祉サービスを提供し，生活の安定や向上を図るものである。

> **セーフティネット**
> もとは安全網のことで，サーカスなどで落下防止のために張る網のことである。これが転じて，社会保障制度や金融機関破綻の際の預金者保護制度など，一部の危機が全体に及ばないようにするための制度や対策をさすようになった。たとえば社会保障制度は，所得の再分配を通じて，国民の多様な生活危機の分散を図るセーフティネットの役割を果たしている。なかでも公的扶助は国民生活の最後のセーフティネットとされている。

　そのため，社会福祉にかかわる制度は，対象別，課題別，地域別と多様である。その根幹なる法律は，社会福祉法であり，それを軸にして，老人福祉法や児童福祉法，母子及び父子並び寡婦福祉法，障害者総合支援法などさまざまな基本法がある。

2　社会福祉の制度と実施体制

（1）社会福祉の法体系

　「社会福祉とは何か」について社会的に合意された定義はないが，一般に，社会福祉には，ひとびとが日常生活を営むうえで，生じるさまざまな生活問題の改善・解決と，それを予防する役割と機能がある。したがって，社会福祉とは，生活問題の改善・解決と，予防をするものだといえる。

　社会福祉の法体系は，社会福祉法を軸として，生活保護法（1946年制定，1950年全面改正）や児童福祉法（1947年），身体障害者福祉法（1949年），精神薄弱者福祉法（1960年制定，1998年知的障害者に名称変更），老人福祉法（1963年），母子福祉法（1964年制定，2014年母子及び父子並びに寡婦福祉法に名称変更）のように，生活問題を抱えている対象者の個別支援を中心に法律（福祉六法）が整備されてきた。しかし，社会経済発展により生活水準の向上や意識変化，家族形態の変化など，生活問題やニーズが重層化かつ多様化になり，福祉六法だけでは対応しきれなくなり，それら問題に対応するため問題別に関連法律が発展することになった。

　さまざまな社会福祉関連法は，その時期や背景などが異なっても，その基本的な理念や目的の根拠は，日本国憲法第25条の生存権の保障にある。また，基本的な人権保障の第11条，自由権保障の第12条，幸福追求権の第13条，平等権の第14条も社会福祉の法律に共通する基本理念として理解する必要がある[1]。これらの内容をまとめると，図表の3－2の形になる。

図表3－2　社会福祉の法体系

（2）社会福祉関連法律

1）社会福祉法（1951年制度，2000年名称変更）

　社会福祉法は，社会福祉を目的とする事業の全分野における共通的基本事項

を定め，福祉サービスの利用者の利益の保護及び地域における社会福祉の推進
を図るとともに，社会福祉事業の公明かつ適正な実施の確保及び社会福祉を目
的とする事業の健全な発達を図り，もって社会福祉の増進に資することを目的
とする（社会福祉法第1条）。

　同法は，社会福祉関連法の軸になるものとして，社会福祉事業に対する規定
のほか，福祉サービスの基本的理念や，福祉サービスの提供の原則，国及び地
方公共団体の責務，社会福祉法人，地域福祉の増進などについて規定されてい
る。

2）児童福祉法（1947年制定）

　児童福祉法は，日本初の福祉法として，18歳未満のすべての子どもが心身
ともに健やかに生まれ，育てられるよう，子どもの保護，権利，福祉の増進を
図るための法律である。そのため，国や地方公共団体，保護者，そして国民の
役割や責務についての規定はもちろん，社会的保護や障害児，子育てなど支援
が必要な子どもにかかわる施設の種類や目的，設置基準などの規定も定めてい
る。

　そして，同法は，児童虐待防止法や，子ども・子育て支援法，児童手当法，
母子保健法，児童扶養手当法など，子ども福祉関連法の基本法として位置づけ
られている。

3）老人福祉法（1963年制定）

　老人福祉法は，老人の福祉に関する原理を明らかにするとともに，老人に対
し，その心身の健康の保持及び生活の安定のために必要な措置を講じ，もって
老人の福祉を図ることを目的とする（老人福祉法第1条）。いいかえると，この
法律は，高齢者が健康で生きがいをもって老後生活を営むことができるように
支援する制度だといえる。そのため，同法律は，高齢者虐待防止法や，高齢者
住まい法，高齢社会対策基本法など，高齢者関連法律の基本法として位置づけ
られている。

　この法律には，老人の福祉増進に必要な関連機関の役割と責務，老人福祉施
設の種類や役割，設置基準及び権限，利用方法などの規定が定められている。

4）母子及び父子並びに寡婦福祉法（1964年制定，2014年名称変更）

　母子及び父子並びに寡婦福祉法は，母子家庭等及び寡婦の生活の安定と向上
及び福祉の増進を図ることを目的とする（母子及び父子並びに寡婦福祉法第1条）。
支援は，母子と父子，寡婦を対象にしている。ただし，18歳未満の子を扶養
していない父は，支援の対象にならない。

　この法律には，母子及び父子，寡婦の自立生活に必要な相談，就労支援，支
援施設などに関する規定はもちろん，関連機関の役割と責務に関する規定が定
められている。

5）障害者総合支援法（2012 年制定）

　障害者総合支援は，障害者基本法（1970 年）の基本的な理念にのっとり，障害者及び障害児が基本的人権を享有する個人としての尊厳にふさわしい，必要な障害福祉サービスに係る給付，地域生活支援事業その他の支援を総合的に行い，もって障害者及び障害児の福祉の増進を図るとともに，障害の有無にかかわらず国民が相互に人格と個性を尊重し安心して暮らすことのできる地域社会の実現に寄与することを目的とする（障害者総合支援第 1 条）。つまり，障害児・者が地域社会で日常生活または社会生活を営むことができるような自立生活ができるように総合的に支援する法律である。

　そのために，同法律には，自立支援に関する給付と地域生活支援に関する事業の種類・施設，利用方法などについての規定と，それに伴う国や地方公共団体の役割と責務に関する規定など定められている。ちなみに，支援は，障害判定を行い，それに応じて行われている。

（3）実施体制

　社会福祉制度の実施体制は，図表 3 - 3 のようである。

1）国の実施体制

　社会福祉における国の役割は，社会福祉制度・政策の立案，企画，法律の制定，改廃といった社会福祉にかかわる制度設計と，それに必要な予算確保と補助金の交付などである。

　こうした役割を中心的に進めている省庁が厚生労働省である。厚生労働省は，2001 年厚生省と労働省が統廃合されたものとして，社会福祉，保健，医療，雇用，労働，子育て，年金，介護などに関する国の制度・政策を司っている。これらの業務は，同省庁内に 11 局を設置して行っている。そのなかで，社会福祉に直接かかわっている局は，子ども家庭局，社会・援護局，老健局である。

　子ども家庭局の主な業務は，保育や児童養護，児童虐待など子どもに関する業務はもちろん，ひとり親家庭，要保護女子，妊産婦，DV 被害者など，家庭福祉の増進に必要な全般的な施策を企画，調査及び調整，制定などである。また，子ども家庭関連施設の整備，職員の養成及び質の向上などの業務も担っている。

　社会・援護局の主な業務は，社会福祉に関する基本的な政策の企画，推進はもとより，社会福祉専門職の養成，低所得者支援や地域における社会福祉の増進，社会福祉事業の発展，改善に関する業務などである。そして，この局には，障害児者福祉にかかわる業務を行う障害者保健福祉部を別途に設置し，運営している。

　老健局の主な業務は，高齢者の保健福祉の増進・向上に必要な総合的な政策を企画，推進などの業務や施設の整備，高齢者虐待の防止，介護保険業務など

図表 3 - 3　実施体制

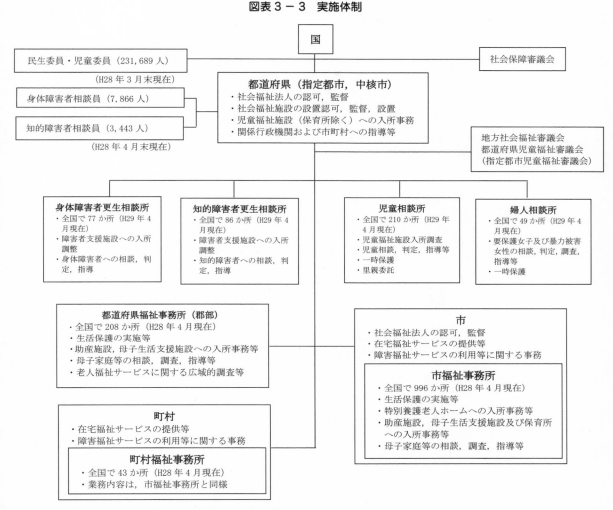

出所）社会福祉の動向編集委員会編『社会福祉の動向』中央法規，2019 年，p.23（一部改変）

を担っている²⁾。

　そして，厚生労働省には，諮問機関である「社会保障審議会」と協力機関である「民生委員・児童委員」が置かれている。

2) 地方公共団体の役割

　国が制定したさまざまな社会福祉制度・政策は，ほとんど地方公共団体によって行われる。地方公共団体（＝地方自治体）とは，住民の福祉の増進を図ることを基本として，地域における自主的かつ総合的に実施する役割を広く担うもの（地方自治体法第 1 条の 2）である。地方公共団体は，市町村を包括する広域の地方公共団体としての都道府県と，基本的な地方公共団体としての市町村に区分されている。さらに，市町村は，人口規模によって指定都市（人口 50 万以上），中核市（人口 20 万以上），一般の市（人口 5 万以上），町村に区分されている。そのため，同じ地方公共団体といってもそれぞれの役割は異なるが，社

会福祉事務において指定都市は，都道府県とほぼ同じような役割を果たしている（例外，知的・身体更生相談所，婦人相談所は任意設置）。

　都道府県（指定都市含む）には，健康福祉部や保険福祉部，福祉保健部といった部局を設置し，社会福祉事務を行っている。主な業務は，国の社会福祉制度・政策の運営・実施はもちろん，社会福祉事業に関する調査，計画作成，実行，単独の社会福祉政策の企画，推進を行う。そして，社会福祉法人の認可や社会福祉施設の指定，指導監督，福祉事務所や各種相談所のような行政機関の設置運営，補助金の配布，関係行政機関及び各市町村間の連絡調整，指導なども行う。

　また，都道府県には，諮問機関として地方社会福祉審議会と，都道府県児童福祉審議会を設置することができる。これらの審議会には，社会福祉または児童福祉に関する調査審議や専門的な意見を具申することが義務づけられている。

３　社会福祉行財政と実施機関

（1）社会福祉の財政

１）社会保障関係費

　社会福祉財政とは，社会福祉制度・政策を運営，保持，発展していくための費用（財源）を調達管理し，福祉サービスが適切に提供できるように，必要な財源を支出する活動である。社会福祉に必要な財源は，公費（租税など），社会保険料，その他の収入から調達している。特に，社会福祉サービスに必要な財源の多くは，公費で賄っている。

　2019 年度一般会計歳出及び社会保障関係費予算は，図表３−４のようである。

図表３−４　2019 年度一般会計歳出と社会保障関係費

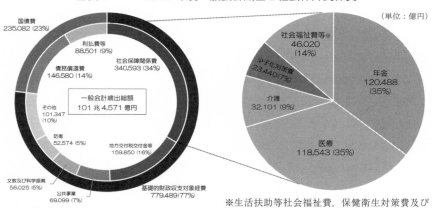

（注）計数については，それぞれ四捨五入によっているため，端数において合計とは合致しない。

※生活扶助等社会福祉費，保健衛生対策費及び雇用労災対策費

（注）年金，医療，介護はそれぞれ給付費を指す

出所）西尾真純「平成 31 年度（2019 年度）社会保障関係予算─全世代型社会保障の構築に向けた財政基盤強化への取組─」『立法と調査』2019.2 No.409 p.104

一般会計歳出の総額は，101兆4,571億円であり，国債費と地方交付税を除いた一般会計歳出は，61兆9,639億円である。そのなかで，社会保障関係費は全体の約55％（34兆593億円）で，半分以上を占めている。

その内訳は，年金，医療，介護，少子化対策費，社会福祉費等からなっている。その割合をみると，年金と医療がそれぞれ約35％で最も大きく占めており，次に社会福祉費等が14％，介護が9％，少子化対策費が7％の順である。つまり，年金，医療，介護といった社会保険にかかわる費用が全体の約8割を占めている。

一方，社会福祉費等には，高齢者や障害者，子ども，低所得者など社会福祉費だけでなく，保健衛生対策費や雇用労災対策費まで含まれているため，社会福祉サービスのための財源は，さらに小さい。

2）地方公共団体の財政

社会福祉財政は，国の財政だけではなく，地方公共団体の財政も含まれている。地方公共団体の財政は，国からの地方交付税，国庫支出金，地方税などから構成されている。

地方公共団体の財政において，社会福祉の充実を図るために必要な経費を「民生費」という。民生費には，老人福祉費，児童福祉費，生活保護費，災害救助費，保護施設や福祉施設の整備・運営・維持費，施設職員の人件費などの社会福祉費などがある。

2017年度地方公共団体普通会計歳出の純計決算額は，97兆9,984億円で，そのなかで民生費の割合は，26.5％（25兆9,833億9,700万円）で最も大きく占めている。

図表3−5　民生費の目的別内訳の推移

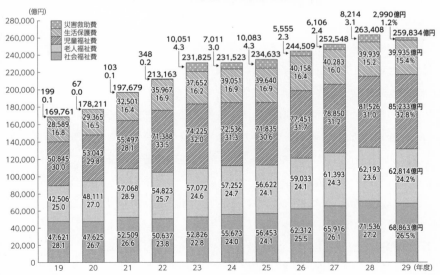

出所）総務省「平成31年版 地方財政白書」http://www.soumu.go.jp/menu_seisaku/hakusyo/chihou/31data/2019data/31czb01-04.html

図表 3 - 6　2017 年度民生費の性質別内訳の推移

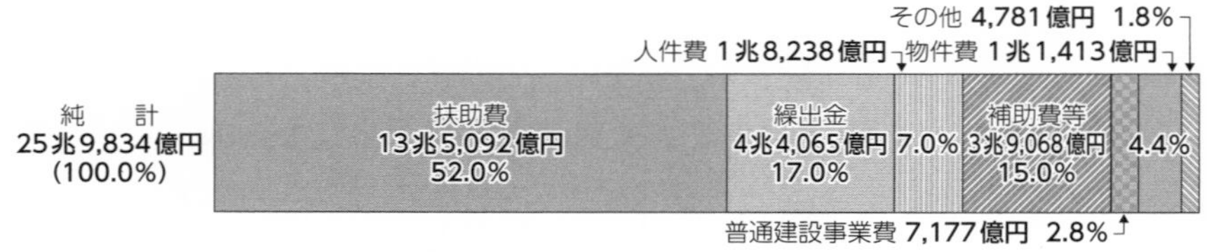

出所）総務省「平成 31 年版 地方財政白書」http://www.soumu.go.jp/menu_seisaku/hakusyo/chihou/31data/2019data/31czb01-04.html

　その内訳をみると（図表 3 - 5 参照），児童福祉費が 32.8％で最も大きく占めており，次に社会福祉費（26.5％），老人福祉費（24.2％），生活保護費（15.4％），災害救助費（1.2％）の順である。その性質をみると（図表 3 - 6 参照），児童手当の支給や生活保護に要する経費等の扶助費が最も大きな割合（52％）を占めており，次に人件費（7％）であった。

　10 年間の民生費の推移をみると，10 年前に比べて総額は，1.5 倍に増えている。費目別にみてもすべての費目で増加傾向にあるが，なかでも児童福祉費（1.7 倍増）が他の費目よりも著しく大きく増えている。児童福祉費は，児童手当の支給費用，保育所や児童養護施設といった児童福祉関連施設の運営等の費用で，特に，近年子ども・子育て支援や保育所の設備環境の充実と，それに伴う人件費が増えたからだと思われる。

（2）実施機関
1）福祉事務所

　福祉事務所とは，社会福祉行政を総合的に司る第一線の社会福祉行政機関として，都道府県及び市（特別区含む）に設置義務がある（社会福祉法第 14 条，町村は任意設置可）。

　都道府県福祉事務所は，生活保護法，児童福祉法，母子及び父子並びに寡婦福祉法といった福祉 3 法に定めている業務のうち，都道府県が処理しているものを行う。また，福祉事務所が設置されていない町村の業務も引き受けているため，郡部福祉事務所とも呼ばれており，2016 年現在，全国で 208 カ所ある。

　市福祉事務所は，福祉 3 法に老人福祉法，身体障害者福祉法，知的障害者福祉法を加えて，福祉六法の業務のうち，市が処理する業務を担っており，2016 年現在，全国で 996 カ所ある。

　また，同事務所には，家庭における適正な児童養育や福祉の向上のために家庭児童相談室が設置されている。

2）児童相談所

　児童相談所は，子どもと妊産婦に関する専門的な相談機関として，児童福祉法第 12 条に都道府県と指定都市に設置義務がある行政機関である（中核市は任

意設置可)。2017 年現在全国で 210 カ所ある。

　主な業務は，子どもの福祉に関する養護，保健，育成，非行などさまざまな相談援助活動を行う。相談内容は，多様な専門職がかかわって実態を把握するための調査を行い，その結果を医学的，心理学的，教育学的，社会学的及び精神保健上の判定を行う。そして，その判定に基づき，同相談所は，子どもの安全確認及び安全確保，子どもの権利を守るために，親から離して児童福祉施設や障害児入所施設などに入所させたり，一時保護したり，里親などに委託することもできる。

3）身体障害者更生相談所

　身体障害者更生相談所は，身体障害者に関する専門的な相談機関として，都道府県に設置義務がある（身体障害者福祉法第 11 条，指定都市は任意設置可）。2017 年現在全国に 77 カ所が設置されている。

　主な業務は，身体障害者が補装具，更生医療，施設利用等の福祉サービスを適切に受けられるように，専門的な知識及び技術を必要とするものに対し，各種相談業務と医学的・心理的な判定（身体障害者手帳に関する判定・交付）や指導などを行う。また，市町村の援護の実施に関して，市町村間の連絡調整や，市町村に対する情報の提供やその他の必要な援助の業務も担っている。

4）知的障害者更生相談所

　知的障害者更生相談所は，知的障害者に関する専門的な相談機関として，都道府県に設置義務がある（知的障害者福祉法第 12 条，指定都市は任意設置可）。2017 年現在現在，86 カ所が設置されている。

　主な業務は，市町村の更生援護の実施に関し，市町村相互間の連絡および調整，市町村に対する情報提供その他必要な援助を行う。そして，知的障害者に対する相談援助や医学的・心理学的・職能的判定，指導，養育手帳の判定・交付などの業務も行っている。

5）婦人相談所

　婦人相談所は，都道府県に設置義務がある行政機関である。支援の対象は，売春を行うおそれがある要保護女子や，DV の被害者，家庭内の問題などで保護を必要とする女子である。主な支援は，支援対象からさまざまな相談を受け，必要に応じて一時保護などの措置はもちろん，就労支援や社会福祉施設への入所などを行う。

4　社会福祉施設等

（1）社会福祉施設の種類

　社会福祉施設は，高齢者や子ども，心身障害者，生活困窮者など日常生活を営むうえで，何らかの問題を抱え，各種社会的な支援を必要とする者に対して，

図表3－7　社会福祉施設の種類

保護施設	救護施設，更生施設，医療保護施設，授産施設，宿泊提供施設
児童福祉施設	助産施設，乳児院，母子生活支援施設，保育所，幼保連携型認定こども園，児童厚生施設，児童養護施設，障害児入所施設，児童発達支援センター，児童心理治療施設，児童家庭支援センター
老人福祉施設	老人デイサービスセンター，老人短期入所施設，養護老人ホーム，特別養護老人ホーム，軽費老人ホーム，老人福祉センター，老人介護支援センター
障害者支援施設等	障害者支援施設，地域活動支援センター，福祉ホームなど
母子・父子福祉施設	母子・父子福祉センター，母子・父子休養ホーム
婦人保護施設	婦人保護施設
その他施設	盲人ホーム，隣保館，へき地保育所，有料老人ホームなど

出所）石田慎二，山縣文治編『新・プリマーズ／保育／福祉 社会福祉第5版』ミネルヴァ書房，2017年，p.65（一部改変）

　フォーマル・インフォーマルな資源を活用し，問題の改善・解決，または福祉の増進を図ることを目的として設置された施設である。

　社会福祉施設は，保護施設，児童福祉施設，老人福祉施設，障害者支援施設，母子・父子福祉施設，婦人保護施設，その他の施設に分けることができる（図表3－7参照）。

　生活保護法による保護施設は，生活保護法第38条に，救護施設，更生施設，医療保護施設，授産施設，宿泊提供施設の5施設とその目的が規定されている。各施設では，主に生活困窮者を対象にしており，支援内容は，各々施設の目的によって異なるが，共通点は，生活困窮者の健康・福祉の増進と自立促進のためにさまざまな相談支援業務が行われるという点である。2015年現在保護施設は，292施設あるが，そのうち，救護施設が185施設（約6割強）で大きく占めている。

　児童福祉施設は，児童福祉に関する事業を行う施設の総称で，母子支援関連や障害児関連施設も含まれている。施設の種類は，児童福祉法第7条により，助産施設，乳児院，母子生活支援施設，保育所，幼保連携型認定こども園，児童厚生施設，児童養護施設，障害児入所施設，児童発達支援センター，児童心理治療施設，児童家庭支援センターの11施設がある。各施設は，主に18歳未満の子どもを対象にしており，支援内容は，各施設の目的によって異なるが，どの施設でも子どもの権利擁護や健全なる育成のために必要な相談支援業務が行われている。2015年現在，児童福祉施設は，37,139施設があり，なかでも保育所等が，25,580施設で全体の約7割弱を占めている。

　老人福祉施設は，老人福祉法第5条の3に，老人デイサービスセンター，老人短期入所施設，養護老人ホーム，特別養護老人ホーム，軽費老人ホーム，老人福祉センター，老人介護支援センターの7施設が規定されており，主に，65歳以上の高齢者を対象にしている。施設では，主に食事などの介護や入浴，機能訓練，排泄，生活相談などが行われている。社会福祉施設の全体のなかで，

約半分を占めている施設が老人福祉施設（介護保険施設を含む）で，2015年現在，73,220施設があり，その半分が老人デイサービスセンター（47,714施設）である。

　障害者支援施設は，大別して施設入所支援と日中活動系施設の2つがある。日中活動系施設は，生活介護や自立訓練，就労移行支援，就労継続支援，就労定着支援，短期入所，地域活動支援センターなどがある。障害者支援施設は，2015年現在2,559施設ある。

　母子・父子福祉施設は，母子及び父子並びに寡婦福祉法第39条に，母子・父子福祉センターと母子・父子休養ホームの2施設が示されており，その目的は，ひとり親と子どもの心身健康を保持し，生活の向上の図ることである。母子・父子福祉施設は，2015年現在58施設あるが，そのなかで55施設が母子・父子福祉センターである。

　婦人保護施設は，要保護女子とその子どもを保護するための施設（売春防止法第36条）で，2015年現在，47施設ある。

　その他社会福祉施設としては，盲人ホームや無料低額診療施設，隣保館，へき地保健福祉館，へき地保育所，有料老人ホームなどがある[3]。

（2）社会福祉施設の利用方式

　長い間，社会福祉施設の利用方式は，措置方式を中心に進められてきた。措置方式は，福祉サービスに対する国の責務と役割を明確にするとともに，一定の水準以上の福祉サービスをどこでも受けることができ，限られた社会資源を効率よく管理できるというメリットがある。その反面，利用者が福祉サービスを選択できず，サービスの内容においても画一的であるという課題もある。その課題を見直すため，1990年代後半から契約的な要素をもつ利用方式が取り入れられるようになった。1997年児童福祉分野の保育所の利用方式を筆頭にして，2000年には老人福祉分野（介護保険），2005年に障害者分野へと広がった。

1）措置方式

　社会福祉施設の利用方式において，新たな契約方式が導入されたといっても，措置方式がすべてなくなったわけではない。児童養護施設や乳児院，養護老人ホーム，救護施設など，多くの第1種社会福祉事業では，依然として措置方式が残っている。措置方式の利用プロセスは，図表3-8のようである。

　まず，① 福祉サービスを必要とする利用者は，利用したい施設等について措置権者（実施機関）に相談をする。ただし，福祉サービスの利用は，利用者の申請権を前提としない。② 措置権者は，利用者の利用要件を調査し，措置の有無を利用者に通知する。③ 同時に，要件を満たした利用者に対しては，措置権者が利用できる事業者に措置委託を行い，④ 委託を受けた事業者は，正当な理由がない限り，措置委託を受けなければならない。⑤ 受託事業者は，措置権者に措置委託費を申し込んで受ける。⑥ そして，受託事業者は，利用

図表3－8　措置方式

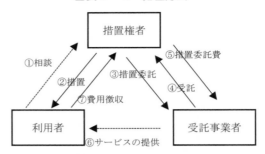

出所）仲村優一・一番ヶ瀬康子・右田紀久惠 監修／岡本民夫・田端光美・濱野一郎・古川孝順・宮田和明 編集『エンサイクロペディア社会福祉学』中央法規，2007年，p.774

者に福祉サービスを提供する。⑦ 福祉サービスを受けた利用者は，所得に応じて（応能負担）費用を措置権者に支払う。

2）保育所方式

　1997年児童福祉法の改正により，社会福祉分野において初めて契約方式が導入された。この方式は，保育所だけでなく，のちほど（2001年）助産施設と母子生活支援施設にも取り入れられるようになる。そのプロセスは図表3－9のようである。

　保育所方式は，① 利用者は，申請権をもって利用したい保育所を選択し，行政に利用申込を行う。② 行政は，利用資格を確認し，利用要件を満たしておれば，利用者に入所の応諾を通報する。③ 同時に，利用者が選択した保育所に委託を行い，④ 委託を受けた保育所は，正当な理由がない限り，委託を断ることができない。⑤ 受託保育所は，行政から実施委託費を受け，⑥ 利用者に保育サービスを提供する。⑦ そして，保育サービスを受けた利用者は，措置方式と同様に所得に応じて行政に費用を支払う。

　保育所方式は，事業者と直接的な契約関係ではない点が措置方式と同じだが，

図表3－9　保育所方式

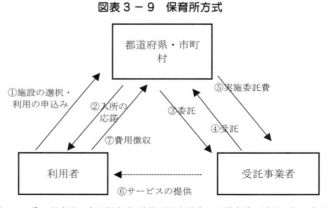

出所）仲村優一・一番ヶ瀬康子・右田紀久惠 監修／岡本民夫・田端光美・濱野一郎・古川孝順・宮田和明 編集『エンサイクロペディア社会福祉学』中央法規，2007年，p.773

措置方式との違いは，利用者が申請権をもって利用したい保育所を自ら選択し，
申し込める点である。

3) 介護保険方式

　従来，措置方式で利用できた老人福祉施設が介護保険制度の施行とともに，
契約方式に変わった。すべての介護保険施設（以下，介護サービスという。）は，
図表3－10のような流れで利用できる。① 介護サービスを利用するために，
40歳以上から介護保険に加入し，保険料を納めなければならない。② 介護
サービスを利用しようとする利用者は，市町村に介護の要否と程度に関する認
定を申請する。③ 認定申請を受けた市町村は，要介護認定基準に基づいて調
査を行い，その結果を利用者に通知する。④ 介護サービスが必要である認定
を受けた利用者は，要介護状態に応じて都道府県知事の指定・許可を受けた指
定事業者に必要な介護サービスを申込み，⑤ 利用者と指定事業者は，介護サー
ビスの内容や条件などについて契約を結び，⑥ 契約内容に応じて指定事業者
は，利用者に介護サービスを提供する。⑦ 介護サービス利用者は，利用した
介護サービスの量と所得に応じて定率の自己負担分を指定事業者に支払う。
⑧ そして，指定事業者は，利用者の自己負担分を除いた費用を市町村に請求し，
⑨ 市町村は，請求費用を指定事業者に支払う。

　介護保険方式が，措置方式や保育所方式と異なる点は，サービス提供事業者
と直接的な契約関係にあることである。

図表3－10　介護保険方式

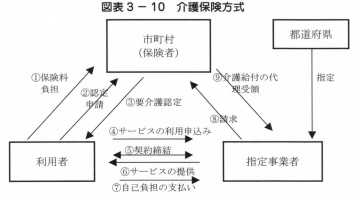

出所）仲村優一・一番ヶ瀬康子・右田紀久恵 監修／岡本民夫・田端光美・濱野一郎・古川孝順・宮田
和明 編集『エンサイクロペディア社会福祉学』中央法規，2007年，p.773

4) 総合支援給付方式

　総合支援給付方式は，障害者総合支援給付を受ける際，利用する方式として，
図表3－11をみればわかるように，介護保険方式とほぼ同じである。総合支
援給付方式が介護保険方式と異なる点は，保険料を支払う必要がなく，自己負
担において所得に応じて費用を支払う応能方式をとっている点である。

図表 3 – 11　総合支援給付方式

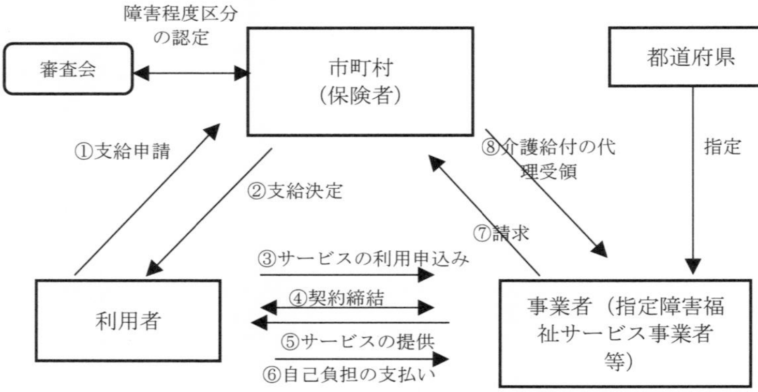

出所）仲村優一・一番ヶ瀬康子・右田紀久恵 監修／岡本民夫・田端光美・濱野一郎・古川孝順・宮田和明 編集『エンサイクロペディア社会福祉学』中央法規，2007 年，p.774 を一部改変

注）
1) 林邦雄・谷田貝公昭監修，山﨑順子・和田上貴昭『保育者養成シリーズ新版社会福祉』一藝社，2017 年，pp.53-54
2) 社会福祉の動向編集委員会編『社会福祉の動向 2019』中央法規，2019 年，p.20
3) 厚生労働省編『平成 29 年版 厚生労働白書－社会保障と経済成長 資料編』「詳細データ①施設の種類別施設数と定員の推移 2017 年，pp.199-200
https://www.mhlw.go.jp/wp/hakusyo/kousei/17-2/dl/08.pdf（2019年04月28日閲覧）

参考文献
相澤譲治・橋本好市・直島正樹編『新社会福祉養成課程対応 障害者への支援と障害者自立支援制度—障害者ソーシャルワークと障害者総合支援法—』みらい，2015 年
石田慎二・山縣文治『新・プリマーズ／保育／福祉第 5 版 社会福祉』ミネルヴァ書房，2017 年
仲村優一・一番ヶ瀬康子・右田紀久恵 監修／岡本民夫・田端光美・濱野一郎・古川孝順・宮田和明 編集『エンサイクロペディア社会福祉学』中央法規，2007 年
坂口正之・岡田忠克『やわらかアカデミズム・〈わかる〉シリーズ第 5 版 よくわかる社会保障』ミネルヴァ書房，2018 年
厚生労働省編『平成 29 年版 厚生労働白書—社会保障と経済成長』2017 年
社会福祉士養成講座編集委員会編『新・社会福祉士養成講座 9 第 3 版 地域福祉の理論と方法』中央法規，2015 年
社会福祉士養成講座編集委員会編『新・社会福祉士養成講座 10 第 5 版 福祉行財政と福祉計画』中央法規，2017 年
社会福祉の動向編集委員会編『社会福祉の動向 2019』中央法規，2019 年
西尾真純「平成 31 年度（2019 年度）社会保障関係予算—全世代型社会保障の構築に向けた財政基盤強化への取組－」『立法と調査』2019.2　No.409
林邦雄・谷田貝公昭監修，山﨑順子・和田上貴昭『保育者養成シリーズ新版社会福祉』一藝社，2017 年，pp.53-54

```
┌─ プロムナード ─────────────────────────────────┐
```

社会保険と民間保険との共通点と相違点

　社会保険は，生命保険や損害保険，がん保険のような民間保険と同様に，病気や負傷，死亡，老齢など，さまざまなリスク（保険事故）に備えて，あらかじめ保険に加入して保険料を支払い，リスクに遭ったときに，リスクによる費用，または収入損失を補填するという保険原理は同じです。そして，保険者の生活安定を図るという点も共通するところです。

　では，社会保険と民間保険の相違点は何か。大きな違いは，選択の有無です。まず，社会保険は，保険加入をはじめ，保険の種類や対象，給付水準，加入期間，保険料などが法律によって定められているために，個人の選択によって変えることができません。一方，民間保険は，保険に加入するかどうかからはじめ，保険の種類や給付水準，加入期間，保険料など保険内容を個人が選択することができます。

　そして，社会保険は，社会連帯を基本理念としています。そのため，保険料や自己負担金だけではなく，公費（租税）も財源として運営されるので，国や地方公共団体といった公的機関が保険者になります。反面，民間保険は，保険者である民間保険会社が保険者の自助努力や自己責任を基にして保険料のみで運営する点が異なります。

✒ 学びを深めるために

花村春樹『「ノーマリゼーションの父」N・E・バンク‐ミケルセン　その生涯と思想』ミネルヴァ書房，2000 年

　近年，厚生労働省は，「地域共生社会の実現」に向けての改革を進めています。この改革の根底には，社会福祉の基本理念のひとつであるノーマライゼーションがあります。本書は，ノーマライゼーションの父と呼ばれるバンク‐ミケルセンの生涯と思想を通して，その理念の本質を学ぶことができます。

田多英範編『世界はなぜ社会保障制度を創ったのか　主要9カ国の比較研究』ミネルヴァ書房，2014 年

　私たちが健康で安心して豊かな生活を営むうえで，欠かせないものが社会保障です。本書では，社会保障制度が各国でどのような歴史的過程を通して創られたのか，国際比較を通して深めることができます。

第 4 章

社会福祉と子ども家庭支援

1　子ども家庭支援の理念と意義

　子どもの成長や発達には，地域社会とのつながりが大きくかかわってくるが，現代社会においては少子・高齢社会や都市化と過疎化，共働き家庭の一般化，核家族化などの家族・世帯の形態の変化にともない地域とのつながりが希薄になっている現状がある。これまで子どもや子育て家庭を支えてきた地域社会が変化し，子どもや親子関係の問題や，家庭の問題，介護の問題，子どもの貧困など個々が問題を抱え込み，地域社会全体で支える力が弱くなってきている。

　「子どもの最善の利益」が実現される社会を目指すとの考えを基本に，子どもの視点に立ち，子どもの生存と発達が保障されるよう，良質かつ適切な内容及び水準のものとすることが必要である。

　また，障害，疾病，虐待，貧困，家族の状況その他の事情により社会的な支援の必要性が高い子どもやその家族を含め，すべての子どもや子育て家庭を対象としニーズに合わせた支援をしていかなければならない。

　子どもは，社会の希望であり，未来をつくる存在である。その子どもたちの健やかな育ちと子育てを支えることは，一人ひとりの子どもや保護者の幸せにつながる。そのため，子ども家庭支援は個々の問題として捉えるのではなく，社会全体で取り組むべき課題のひとつである。

　しかし，子どもの育ちや子育てをめぐる状況は厳しく，結婚や出産に関する希望の実現をあきらめるひとびとや，悩みや不安を抱えながら子育てを行っているひとびとがいる。また，親自身は，周囲のさまざまな支援を受けながら，実際に子育てを経験することを通じて，親として成長していくものであり，すべての子育て家庭を対象に，「親育ち」の過程を支援していくことも必要とされている。

（1）子ども家庭支援の理念
1）子どもと保護者が共に育ち合う

　子どもは最初から一人で育っていくことはできない。また，保護者も最初から完璧に子育てができるわけではない。子どもは最初に所属する家庭という社会のなかで少しずつ成長していくのであり，それと共に保護者として成長をしていくことが家庭の大きな役割である。

2）地域とつながり地域や社会の一員となる

　私たちの生活は地域との関わり無しに考えることはできない。それは，子どもがいる家庭にとっても同様であり，地域との関係が弱ければ孤立してしまい，子どもも家庭も健全な生活が保障されない可能性もある。子どもと家庭が地域の一員として，地域との関係を構築していくことが必要である。

3) 一人ひとりの生きる力を培う

私たちは，一人で生きていくことは難しく，さまざまな支えがあって生きている。ここでの生きる力は何もかも自分で行うということではなく，支援や援助を必要とするときに，適切なサービスを利用する・利用できる力を培うことである。自分で必要な支援を選んで自己決定していくことが重要である。

(2) 子ども家庭支援の意義

1) 養育力の向上

子ども家庭支援においては，個々の家庭の養育力の向上も重要な意義である。近年，子育て家庭が抱える課題として核家族化や都市化，共働き，地域社会との希薄さ等の理由により保護者が一人で養育していることも少なくない。その結果，子育てに対する不安や疲れ，情報社会にもかかわらず適切な情報が得られず養育力の低下に繋がっている。子どもにとっても家庭にとっても最善な支援を行うことに意義がある。

2) 地域福祉力の向上

私たちは地域のなかで生活しているため，その地域社会の一員として福祉機能を高めていくことも重要である。地域とのつながりが弱くなったり，つながろうとしない家庭も多くなってきている。しかし，子どもと家庭を支援することにより，地域社会全体で見守ることができ，地域のつながりを回復する意義もある。

(3) 保育需要の高まり

保育需要の高まりは，現代社会の背景も関係している。多様な社会の変化を理解したうえで，地域の子育て支援の量の拡充と質を向上させ，子どもを産み育てやすい環境を整え，共働き家庭だけでなく，すべての子育て家庭を支援していくことが必要である。

1) 教育・保育施設の役割

子どもの発達は，親や親以外の大人やきょうだい，同年代の子どもなど多様な人とのかかわりによって成長していく。しかし近年は，核家族等の理由で母親が一人で子育てをしていることも多い。また，安全性の問題から公園など戸外での遊びが減ってきていることや，都市化により外で子どもが遊ぶ場所が減少してきていることもあり，近所の子育て家庭や地域の人とのつながりが希薄になっている。それにより，家庭や地域が子どもの健全な成長発達を保障する生活の場ではなくなってきている。ほかに，現代社会の雇用形態として非正規雇用が増加し中間層の貧困化が進んでいる。このような子どもや家庭の周りの環境が変化し，保育需要が高まっている。

子どもと家庭を支援するうえで，幼稚園や保育所（園），認定こども園等の

児童福祉施設は，子育て家庭にとって一番身近な存在である。そのため，教育・保育施設の役割としては入園・入所している子どもやその家庭のみならず，地域で子育てをしている家庭を含むすべての家庭や子どもを対象として，総合的な子育て支援の充実を行うことが求められている。

　具体的には，可能であれば妊娠・出産期からの切れ目のない支援を行っていくことや，保護者の気持ちを受け止め，寄り添いながら相談や適切な情報提供を行うこと，発達段階に応じた子どもとの関わり方等に関する保護者の支援を行うことが求められる。また，安全・安心な活動場所の提供として園庭開放や，地域に開かれたイベントや行事を行うことも子どもと家庭を支援するに当たっては重要な意味を持つ。子どもの健全な発達のための環境を整えることをはじめ，すべての子どもの健やかな育ちを保障していくために，発達段階に応じた教育や保育，子育て支援が提供されることが重要である。

2) 保育に関する課題

　子育て支援のなかでも，待機児童の解消は早期に取り組むべき課題であり，保護者の保育ニーズに確実に対応した保育の受け皿を確保していくことが求められている。しかし，厚生労働省（2018年10月時点）によると待機児童は全国で5万5,433人であり，なかでも0歳児の増加が多くなっている。また，待機児童は都市部に集中し，全待機児童の約8割を占めている。

　もうひとつ，社会全体で取り組まなければならない問題として児童虐待がある。児童虐待については，2000年11月に施行された児童虐待の防止等に関する法律や児童福祉法の改正，民法等の一部を改正する法律による親権停止制度の新設などにより，制度的な枠組みが作られてきている。しかし，全国の児童相談所における児童虐待に関する相談対応件数は年々増加し，厚生労働省によると2018年度中に全国210カ所の児童相談所が児童虐待相談として対応した件数は13万3,778件（速報値）で過去最多であった。児童虐待のリスク要因として，大きく分けて3つあるといえる。（図表4－1）

図表4－1　児童虐待のリスク要因

1	保護者側のリスク要因	＊保護者自身の性格や精神疾患等の身体的・精神的に不健康な状態 ＊育児に対する不安やストレス ＊被虐待経験　　　　　　　　　　　　　　　　　　など
2	家庭や養育環境のリスク要因	＊ひとり親世帯 ＊貧困世帯 ＊配偶者からの暴力等の不安定な状況　　　　　　　など
3	子ども側のリスク要因	＊乳幼児期の子ども ＊未熟児 ＊障害のある子ども ＊何らかの育てにくさがある子ども　　　　　　　　など

　図表4－1のようにそれぞれの要因が複雑に絡み合って虐待が起こると考えられている。虐待の防止のためには，発生予防，早期発見・早期対応，子ども

の保護・自立の支援，保護者への支援のため支援体制や関係機関との連携を行うことが求められている。幼稚園や保育所（園），認定こども園などでは特に子どもや保護者の変化に気づき，発生予防，早期発見・早期対応の最前線の役割があるといえる。

2　子ども家庭支援と社会福祉

　すべての子どもの健やかな成長を実現するためには，社会全体で子どもの育ちや子育て支援に対する関心と理解を深め，それぞれが役割を果たすことが必要である。児童福祉法や地域子ども・子育て支援事業等に関する福祉の全体像を把握した上でニーズにあった支援を行うことが重要である。

(1) 子ども・子育て支援新制度

　幼児期の学校教育や保育，地域の子育て支援の量の拡充や質の向上を進める「子ども・子育て支援新制度」が，2015年4月にスタートした。この新制度の実施のために，消費税率引き上げによる増収分が活用され，貴重な財源を活かして，社会全体で子どもの育ち，子育てを支えていく制度である。また，市町村は地域の子育て家庭の状況や，子育て支援へのニーズをしっかり把握し，5年間を計画期間とする「市町村子ども・子育て支援事業計画」を策定し，子育て支援を充実させることが求められるようになった。2016年度からは，事業所内保育の整備やベビーシッター派遣サービスの利用を促進する「仕事と子育て両立支援」を新たな柱に掲げて取り組みが行われている。

　「子ども・子育て支援新制度」は2012年8月に成立した「子ども・子育て支援法」，「認定こども園法の一部改正」，「子ども・子育て支援法及び認定こども園法の一部改正法の施行に伴う関係法律の整備等に関する法律」の子ども・子育て関連3法に基づく制度のことをいう。

> **子ども・子育て**
> **新支援制度**
> 　待機児童の解消，子どもの数が減少傾向にある地域の保育機能の確保，地域における子ども・子育て支援を総合的に推進することを目的とする。内容は，①子ども・子育て支援給付，②子どものための教育・保育給付等の実施主体等，③認定こども園・幼稚園・保育所を通じた共通の給付（施設型給付）と小規模保育等への給付（地域型保育）の創設等，④幼保連携型子ども園制度の改革，⑤地域子ども・子育て支援事業等，⑥子どものための教育・保育給付の費用負担，⑦子ども・子育て会議の設置等，である。

図表4-2　子ども・子育て支援新制度の具体的な取り組み

支援の量を拡充するために	支援の質を向上させるために
・必要とするすべての家庭が利用できる支援を目指す。 ・子どもの年齢や親の就労状況などに応じた多様な支援を用意する。 ・1人目だけでなく，2人目，3人目も安心して子育てできるように待機児童の解消に向け教育・保育の受け皿を増やす。	・子どもたちがより豊かに育っていける支援を目指す。 ・子どもたちにより目が届くように，幼稚園や保育所（園），認定こども園等の職員配置を，職員一人が担当する子どもの数を改善する。(3歳の子どもと職員の割合を，従来の20：1人から15：1人にする等) ・職員の処遇改善を行い，職場への定着や質の高い人材の確保を目指す。(給与の増額やキャリアアップの取組など)

※ 児童養護施設など，社会的な養護を必要とする子どもたちが生活する施設等の改善にも行われる。

「仕事・子育て両立支援」（2016年度創設）

　従業員が働きながら子育てしやすいように環境を整えて，離職の防止，就労の継続，女性の活躍等を推進する企業を支援する。働き方に応じた多様で柔軟

な保育サービスが提供でき（延長・夜間，土日の保育，短時間・週2日のみの利用も可能），複数の企業が共同で設置することも可能である。また，地域住民の子どもの受け入れもでき，待機児童対策に貢献することも可能となる。

企業主導型保育事業
従業員のための保育施設の設置・運営の費用を助成する。（週2日程度の就労や夜間，休日出勤など，従業員の多様な働き方にも対応できる）
企業主導型ベビーシッター利用者支援事業
残業や夜勤等でベビーシッターを利用した際に，費用の補助を受けることができる。

（2）地域の子育て支援の充実

地域の子育て家庭を対象に，地域のニーズに応じたさまざまな子育て支援を行っている。

1）利用者事業

子育て家庭がそれぞれ抱えている課題に応じて，幼稚園や保育所（園）等の利用が円滑にできるように，また子育て支援などのサービスや助言・情報提供が行われるように利用者のニーズに合った支援の提供をするため市区町村が行う。

2）地域子育て支援拠点

地域の身近なところで，気軽に親子の交流や子育て相談ができる場として，公共施設や保育所など，さまざまな場所で，行政やNPO法人などが担い手となって行う。

3）一時預かり

急な用事やパートタイム就労のほか，リフレッシュしたい時等に，保育所などの施設や地域子育て支援拠点などで子どもを預かっている。また，幼稚園で在園児を昼過ぎごろまでの教育時間終了後や，土曜日などに預かる場合もある。

4）子育て短期支援

ショートステイ……保護者の出張や冠婚葬祭，病気などにより，子どもの保育ができない場合に，短期間の宿泊で子どもを預かる事業。

トワイライトステイ……平日の夜間などに子どもの保育ができない場合に，一時的に子どもを預かる事業。

5）病児保育

病気や病後の子どもを保護者が家庭で保育できない場合に，病院・保育所などに付設されたスペースで預かったり，保育所などの施設によっては，保育中に体調不良になった子どもを，保護者の迎えまで安静に預かったりする。

また，保育中に具合の悪くなった子どもを看護師等が送迎し，病児保育施設において保育するしくみが2016年度に新たに創設された。

6）子育て援助活動支援事業（ファミリー・サポート・センター事業）

乳幼児や小学生等の子育て家庭のなかにも，共働き家庭やその他の理由（出張等で帰宅が遅くなる場合，冠婚葬祭で子どもを連れて行けない場合，リフレッシュ

等）で子どもを預ける援助を必要とする場合がある。このような時に，地域で相互援助するものとして会員制の組織がある。これまでの流れとして，平成26年度は「保育緊急確保事業」として実施されていたものだが，「子ども・子育て支援新制度」の開始に伴い，平成27年度からは，「地域子ども子育て支援事業」として市区町村が行う事業である。ファミリー・サポート・センターは，援助を受けたい会員と，援助を行いたい会員との連絡調整する役割を担っている。※料金（活動報酬）は，市区町村，内容や時間に応じて異なる。

図表 4 - 3　子育て援助活動支援事業（ファミリー・サポート・センター事業）のしくみ

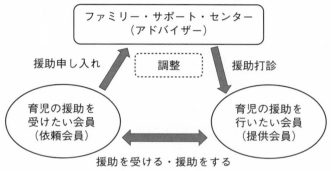

出所）厚生労働省「子育て援助活動支援事業（ファミリー・サポート・センター事業）について」をもとに筆者が作成

7）乳児家庭全戸訪問事業（こんにちは赤ちゃん事業）

　乳児（生後4カ月頃までの乳児）のいるすべての家庭を訪問し，さまざまな不安や悩みを聞き，子育て支援に関する情報提供等を行う。また，親子の心身の状況や養育環境等の把握や助言を行い，支援が必要な家庭に対しては適切なサービス提供が行われるようにするため市区町村が行う事業である。乳児がいる家庭の孤立化を防ぎ，親子の健全な育成環境の確保を図ることが期待されている。

8）養育支援訪問事業

　子育て家庭のなかにも，育児ストレス，産後うつ病，育児ノイローゼ等の問題によって，子育てに対して不安や孤立感等を抱える家庭や，さまざまな原因で養育支援が必要となっている家庭がある。このような家庭には，子育て経験者等による育児・家事の援助や，保健師等が家庭を訪問し，具体的な養育に関する助言等を受けることができるよう市区町村が行う事業である。個々の家庭の抱える養育上の問題の解決や軽減を図ることが期待されている。

9）放課後児童健全育成事業

　共働き等により昼間，保護者が家庭にいない小学校に就学している児童に対して，授業の終了後に小学校の教室や児童館等を利用して遊びや宿題を行う場所，生活の場を与えて，子どもたちを一人にさせない等の健全な育成を図るため市区町村や社会福祉法人等が行う事業である。

厚生労働省によると，2018年5月現在，約123万人の児童が登録し，25,328カ所で事業が取り組まれている。しかし，利用できなかった児童（待機児童）は17,279人存在し，今後もさらに事業拡大が求められている。

10）妊婦健康診査

妊婦の健康保持や増進を図るため，妊婦に対する健康診査として，① 健康状態の把握，② 検査計測，③ 保健指導を実施するとともに，妊娠期間中の適時に応じた医学的検査を実施している。

図表4－4　対象者と対象範囲について

幼稚園，保育所，認定こども園等
幼稚園，保育所，認定こども園，地域型保育，企業主導型保育（標準的な利用料）の利用料を無償化 対象年齢：3～5歳
※新制度の対象とならない幼稚園については，月額上限2.57万円（注：国立大学附属幼稚園0.87万円，国立特別支援学校幼稚部0.04万円）まで無償化 ※開始年齢… 原則，小学校就学前の3年間を無償化。ただし，幼稚園については，学校教育法の規定等に鑑み，満3歳から無償化 ※保護者から実費で徴収している費用（通園送迎費，食材料費，行事費など）は，無償化の対象外。食材料費については，保護者が負担する考え方を維持。 ※0～2歳でも，上記の施設を利用する場合，住民税非課税世帯を対象として無償化
幼稚園の預かり保育
保育の必要性の認定を受けた場合，幼稚園に加え，利用実態に応じて，月額1.13万円までの範囲で無償化
※保育の必要性の認定… 2号認定または2号認定と同等の認定 ※預かり保育は子ども・子育て支援法の一時預かり事業（幼稚園型）と同様の基準を満たすこと
認可外保育施設等
保育の必要性の認定を受けた場合，認可保育所における保育料の全国平均額（月額3.7万円）までの利用料を無償化 対象年齢：3～5歳
※認可外保育施設のほか，一時預かり事業，病児保育事業及びファミリー・サポート・センター事業を対象 ※上限額の範囲内において，複数サービス利用も可能。また，幼稚園が十分な水準の預かり保育を提供していない場合等には，幼稚園利用者が認可外保育施設等を利用する場合も無償化の対象 ※都道府県等に届出を行い，国が定める認可外保育施設の基準を満たすことが必要。ただし，経過措置として5年間の猶予期間を設定 ※0～2歳：保育の必要性があると認定された住民税非課税世帯の子どもたちを対象として，月額4.2万円までの利用料を無償化

（3）子どもに関わる手当について

1）児童手当

子どもを養育している家庭に対して，家庭の生活の安定や子どもの健やかな成長を測ることを目的に行政機関が給付する制度である。

支給対象となるのは，中学校卒業まで（15歳の誕生日後の最初の3月31日まで）の子どもを養育しているもの。支給される金額は，子どもの年齢や人数によって多少異なる。また，一定以上の所得がある人は特別給付として月額一律5,000円の支給となる。支給される時期については，原則として毎年6月（2～5月分），10月（6～9月分），2月（10～1月分）の3期に分けて支給される。

幼児教育無償化の制度

幼児教育の負担軽減を図ることと，少子化対策，人格形成の基礎を培う幼児教育の重要性の観点から，2019年10月より「幼児教育無償化」が開始される。

子育て世代包括支援センター

妊娠初期から子育て期において，それぞれの段階に対応した支援や，サービスの情報や助言が子育て家族に伝わるなど，切れ目ない継続的・包括的な支援ができるようワンストップ拠点として市町村に設置されている。

対象者は，基本的にすべての妊産婦，乳幼児とその保護者だが，学童期以降の児童やその保護者にも必要に応じて対応している。具体的な内容としては，妊産婦・乳幼児やその家族の実情を継続的に把握し，妊産婦や乳幼児等にとって必要なサービスや支援，情報を提供するため，関係機関との連携や連絡調整を行い，その後のフォローアップを行っていく。

児童手当を受け取る要件

1. 原則として，児童が日本国内に住んでいること（留学で海外に住んでいても一定の要件を満たす場合は支給対象になる）。
2. 父母が離婚協議中などにより別居している場合は，児童と同居している方に優先的に支給する。
3. 父母が海外に住んでいる場合，その父母が日本国内で児童を養育している方を指定すれば，その方（父母指定者）に支給する。
4. 児童を養育している未成年後見人がいる場合は，その未成年後見人に支給する。
5. 児童が施設に入所している場合や里親などに委託されている場合は，原則として，その施設の設置者や里親などに支給する。

図表 4 - 5　児童手当の支給額

児童の年齢	児童手当の額（一人あたりの月額）
3 歳未満	一律 15,000 円
3 歳以上～小学校 6 年生まで	10,000 円（第 3 子以降は 15,000 円）
中学生	一律 10,000 円
児童を養育している方の所得が所得制限限度額以上の場合	一律 5,000 円

出所）内閣府「児童手当制度の概要」をもとに筆者が作成

図表 4 - 6　児童手当の所得制限限度額表

扶養親族等の数	所得額	収入額
0 人	622 万円	833.3 万円
1 人	660 万円	875.6 万円
2 人	698 万円	917.8 万円
3 人	736 万円	960 万円
4 人	774 万円	1002.1 万円
5 人	812 万円	1042.1 万円

出所）内閣府「児童手当所得制限限度額表」

2）児童扶養手当

　父母が離婚するなどして父親または母親の一方からしか養育を受けられないひとり親家庭等の子どものために，地方自治体から支給される手当てである。

　所得制限はあるが，18 歳未満の子どもを養育している場合に支給される制度である。児童扶養手当は，前年の所得に応じて手当の全額を支給する「全部支給」と，一部のみを支給する「一部支給」がある。また，この度の「児童扶養手当法」の一部改正により，2019 年 11 月分の児童扶養手当から支払回数を年 3 回（4 カ月分ずつ）から，年 6 回（2 カ月分ずつ）になる。

図表 4 - 7　児童扶養手当の月額

子どもが一人の場合	全部支給	42,330 円
	一部支給	42,320 円～ 9,990 円（所得に応じて異なる）
子ども 2 人目の加算額	全部支給	10,000 円
	一部支給	9,990 円～ 5,000 円（所得に応じて異なる）
子ども 3 人目以降の加算額（一人につき）	全部支給	6,000 円
	一部支給	5,990 円～ 3,000 円（所得に応じて異なる）

出所）厚生労働省「児童扶養手当」をもとに筆者が作成

図表 4 - 8　全部支給の対象となる所得限度額

扶養する児童等の人数	全部支給となる所得制限限度額（受給資格本人の前年所得）	
	収入ベース	所得ベース
0 人	122 万円	49 万円
1 人	160 万円	87 万円
2 人	215.7 万円	125 万円
3 人	270 万円	163 万円
4 人	324.3 万円	201 万円
5 人	376.3 万円	239 万円

出所）厚生労働省「児童扶養手当についてのお知らせ」をもとに筆者が作成

3）特別児童扶養手当

　障害がある子どもを対象に，その保護者や養育者へ給付される手当のことで，障害がある児童の生活の豊かさや福祉の増進を支援することを目的とした手当である。20 歳未満で，精神または身体に障害がある子どもを家庭で監護，養育している父母等に支給される。児童が 20 歳になるまで，障害の等級に応じて 1 級は 52,200 円，2 級は 34,770 円が支給される（2019 年 4 月より適応された金額）。しかし，所得制限があり受給者もしくはその配偶者または扶養義務者の前年の所得が，一定の額以上であるときは支給さない。支給される時期は，原則として毎年 4 月（12 〜 3 月分），8 月（1 〜 7 月分），12 月（8 〜 11 月分）の 3 期に分けて支給される。

> 　1 級と 2 級は，主に療育手帳，身体障害者手帳の等級によって区別されることが多い。しかし，手帳がなくても特別児童扶養手当の支給対象になる場合があり，市区町村によっても基準は多少異なる。
> ・1 級＝療育手帳 A ／身体障害者手帳 1，2 級
> ・2 級＝療育手帳 B ／身体障害者手帳 3 級または 4 級の一部

特別児童扶養手当を受け取る要件
1. 給付対象の児童が 20 歳未満であること。
2. 特別児童扶養手当が給付される対象である児童が日本に住んでいること。
3. 給付対象の児童の世話をしている保護者もしくは養育者が，日本国内に住んでいること。
4. 重不耐症の児童が，母子生活支援施設，保育所，通園施設を除く，児童福祉施設に入所していないこと。
5. 給付対象の児童が，障害が理由での公的年金を受給できないこと。
6. 受給者，もしくはその配偶者，または扶養義務者の前年の所得が，一定の額を超えていないこと。

3）障害児福祉手当

　在宅（入院中も可）の 20 歳未満で，精神または身体に重度の障害があり，日常生活をするうえで常時介護を必要とする児童に対して支給される手当である。しかし，障害を支給事由とする公的年金を受けることができる場合，障害児入所施設に入所した場合は支給の対象にはならない。支給金額は，月額 14,790 円（2019 年 4 月現在）であり，支給期間は原則として毎年 2 月（11 〜 1 月分），5 月（2 〜 4 月分），8 月（5 〜 7 月分），11 月（8 〜 10 月分）の 4 期に分けて支給される。

（4）子ども家庭支援と社会資源の活用

　家族や家庭にはひとつとして同じものは存在せず，さまざまな形態や価値観があるため家族が抱える問題や福祉のニーズもそれぞれ違っている。このようなさまざまな子どもや家庭を支援するために，地域には活用できる社会資源がある。それぞれの子どもや家庭にあった支援ができるよう，地域にはどのような社会資源があり活用できるのか理解しておくことは重要である。

1）社会資源

　子育て家庭の抱えるさまざまなニーズを充足するために利用することのできる，制度・機関・施設・組織・人・技術・知識・資金・設備・物資などのことを総称して社会資源という。

2）フォーマルな社会資源とインフォーマルな社会資源

　子育て家庭に対して何らかの支えや助けを提供することのできる機関・施設・組織・人は，制度化されているもの（フォーマルな資源）と，制度化されていないもの（インフォーマルな資源）がある。それぞれ，利用者による費用負担の有無をはじめ，支援内容，支援者の専門性や権限，支援の継続性や安定性，柔軟性等条件によってさまざまであり，異なる特徴を持っている。

　また，親族や友人をはじめとする，保護者や子どもとの私的なつながりも，広い意味では現代の子育てを支える社会資源の一部として捉えることができる。

　子育て家庭が，多様な社会資源について知り，ニーズに合った活用を行うことで，ネットワークが作れる。より身近な場所で情報を得られるように，子育て家庭の社会資源へのアプローチやアクセス力を高める取り組みが今後は必要である。特に，転居などにより新しい環境で身近な人間関係を通じて地域の情報を得ることができにくい家庭や，何らかの理由によって自ら支援を求めにくい・求めようとしない家庭，あるいは周囲が支援の必要性に気付きにくい状況にある家庭を適切に早期につなげていくことは課題ではある。

　子ども家庭支援は，子どもの最善の利益を念頭に，地域の特性に応じた取り組みを行うことが必要である。子育てにおいては，保護者が，家庭のなかだけでなく，地域のなかで男女共に，保護者同士や地域のひとびととのつながりを持ち，地域社会に参画・連携していくことも重要である。また，保護者だけでなく地域のひとびとも子どもの活動支援や見守りに参加すること，家庭，地域，施設等子どもの生活の場である，地域コミュニティーのなかで子どもを育むことが必要である。

　地域や社会全体が，子育て中の保護者の気持ちを受け止め，寄り添い，支えることを通じ，保護者が子育てに不安や負担ではなく喜びや生きがいを感じることができ，すべての子どもが大事にされ，健やかに成長できるような社会の実現を目指す。

引用・参考文献

厚生労働省 https://www.mhlw.go.jp/ （2019 年 10 月 15 日閲覧）

内閣府 https://www.cao.go.jp/ （2019 年 10 月 15 日閲覧）

総務省統計局 https://www.stat.go.jp/ （2019 年 10 月 15 日閲覧）

千葉茂明『新エッセンシャル児童・家庭福祉論第 2 版』みらい，2013 年

高辻千恵・山縣文治『家庭支援論』ミネルヴァ書房，2016 年

プロムナード

こども食堂の広がり

　近年よく耳にする「こども食堂」は 2012 年ころから始まり，その後メディアでも取り上げられるようになり全国的に広まりました。その言葉通り，無償もしくは低価格で食事を提供する取り組みではあるが，今は食事を摂るためだけでなく，子どもたちの孤食を減少させることや，子どもの居場所になっていること，地域とのつながりの場となっています。ほかに，地域のボランティアも集まり子どもの学習サポートをしていたり，食育として一緒に食事を作ったり，時には子どもや保護者の相談を受ける場所となっていたり，さまざまな形に変化していっています。これは，地域のニーズに合わせた柔軟性のある取り組みとなり，地域に根付いた気軽に集える場所となっているのかもしれません。

　「こども食堂安心・安全向上委員会」によると，2018 年 4 月時点で全国のこども食堂が少なくとも 2,286 カ所に達していると発表しています。また，2019 年 2 月には，大手コンビニエンスストアが地域の人や子どもたちがともに食卓を囲みコミュニケーションをとる場として提供し地域の活性化を図る取り組みを発表しています。展開の仕方はさまざまですが，これからの地域づくりの拠点として重要な役割を担う取り組みなのかもしれません。

学びを深めるために

北村薫『月の砂漠をさばさばと第 5 刷』新潮文庫，2015 年

　作家の母と 9 歳のさきちゃん親子の，何気ない日常のやり取りの一部を描いた短編小説です。私たちも，何かのきっかけでふと昔の親子のやり取りを思い出すことや，それぞれの親子にしかわからないやり取りやエピソードはありませんか？この小説は，親子で毎日を大事に楽しく積み重ねていく様子や，いつか大きくなったら今日のことを思い出すかなという親の気持ちを感じ取ることができます。やさしいタッチのイラストとともに，親子・家族がともに生きる喜びや幸せを改めて振り返ることができる一冊です。家庭支援を行ううえで，さまざまな家族や家庭をイメージすることも大切です。

第 5 章

社会福祉における
利用者の保護の仕組み

少子高齢化の進展という社会の変化，増大・多様化する福祉需要に対応するため，社会福祉において 2000 年に大きな改革が行われた。それは戦後 50 年間大きな改正が行われてこなかった社会福祉の共通基盤を見直した改革で，社会福祉基礎構造改革と言われている。

社会福祉改革では，1951 年制定の社会福祉事業法をはじめ，多くの法律が改正され，新しく介護保険法が施行された。介護保険制度による「措置から契約へ」，社会福祉分野への民間企業参入といった「社会福祉サービス提供事業者の多元化」等福祉の基礎構造がそれまでと大きく変化した。このような変化に伴って「サービスの質の向上」が求められることとなった。また，利用者は多数の福祉サービス提供事業者から利用する事業者を選択し，契約することを求められることとなったことから，利用者を保護する仕組みが必要となり整えられた（図表 5 − 1）。

社会福祉基礎構造改革
1988 年に中央社会福祉審議会社会福祉基礎構造改革分科会により「社会福祉基礎構造改革について（中間まとめ）」が報告され，改革の必要性について提案された。この具体化されたものとして「社会福祉の増進のための社会福祉事業法等の一部を改正するなどの法律」が 2000 年 5 月に成立し，翌年から交付された。

図表 5 − 1　社会福祉基礎構造改革の全体像

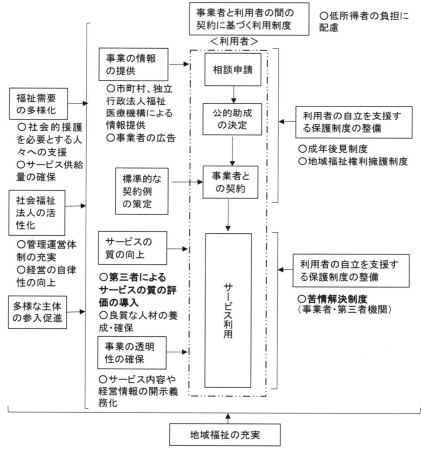

出所）厚生労働省「第 9 回　社会保障審議会福祉部会資料 1　1 社会福祉基礎構造改革の全体像」2004 年

　本章では利用者を保護する仕組みとして導入された「サービスの質の向上」を図る「第三者評価」と，「利用者の自立を支援する保護制度」である「自立生活支援事業」「成年後見制度」「苦情解決制度」を示す。

1　情報提供と第三者評価

　公正・中立な第三者評価機関が専門的・客観的立場から福祉サービスの評価を行う仕組みが，第三者評価事業（以下　第三者評価）である。福祉サービスの質の向上と，福祉サービスの利用者がサービスを選択する際に必要な適切な情報提供を目的としている。

　社会福祉法第78条第1項「社会福祉事業の経営者は，自らその提供する福祉サービスの質の評価を行うことその他の措置を講ずることにより，常に福祉サービスを受ける者の立場に立って良質かつ適切な福祉サービスを提供するよう努めなければならない」の規定に基づき，社会福祉事業の共通の制度として第三者評価が行われている。

　第三者評価の目的は，「個々の事業者が事業運営における問題点を把握し，サービスの質の向上に結びつけること。また，第三者評価を受けた結果が公表されることにより，結果として利用者の適切なサービス選択に資するための情報となること」である。福祉施設や事業所の格付けや順位づけではなく，福祉施設や事業所の理念や基本方針を具体化し，よりよい福祉サービスの実現に向けた「達成度」を示すものである[1]。

　第三者評価は，国が示した「福祉サービス第三者評価事業に関する指針」をもとにして都道府県が実施する。

　第三者評価の受審は任意であるが，社会的養護関係施設（児童養護施設，乳児院，児童心理治療院，児童自立支援施設，母子支援施設）は2012年から受審が義務化された。また2018年12月に厚生労働省のワーキンググループによって，今後の目指すべき方向性として，児童相談所の第三者評価を行う仕組みの創設に迅速に取り組むことが示された[2]。

　第三者評価の推進体制は，全国と都道府県にある。全国の推進組織としては，全国社会福祉協議会が評価事業普及協議会・評価基準等委員会を設置し，福祉サービス第三者評価事業の推進及び都道府県推進組織に対する支援を行っている。都道府県の推進組織としては，都道府県推進組織が，第三者評価機関認証委員会・第三者評価基準等委員会を設置し，第三者評価機関の認証，第三者評価基準の策定，第三者評価基準結果の公表等を行っている（図表5－2）[3]。

　第三者評価の流れの概略は次の通りである。まず評価を受ける福祉施設等が第三者評価機関を選定して契約を結ぶ。そして福祉施設等は自己評価を実施し，第三者評価機関は利用者への調査を実施する。その後，第三者評価機関が福祉

図表 5 - 2　福祉サービス第三者評価事業の推進体制

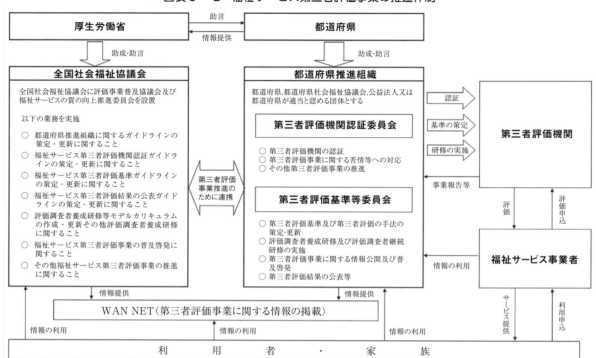

出所）厚生労働省「社会保障審議会少子化対策特別部会　第 1 次報告——次世代育成支援のための新たな制度体系の設計に向けて　参考資料集」2009 年，p.134

施設等を訪問し，施設見学や事業者への聞き取り調査等を行い，評価結果を取りまとめる。評価結果は WAM NET 等で公表する（図表 5 - 3）。

　第三者評価の受審は「福祉サービスの質にかかわる取り組みや成果等が明らかになる」，「福祉サービスの具体的な改善点を把握し，質の向上に結び付けることができる」，「利用者の適切な福祉サービスの選択に資する情報になる」，「利用者や家族，地域への説明責任を果たし，信頼を高めることにつながる」とされている。また，自己評価は「組織運営やサービスの質を見直すことによって新たな気づきが得られる」，「福祉施設・事業所全体でサービスの質の向上に取り組むきっかけを得られる」とされている。評価結果の公表は「福祉施設・事業所が行う福祉サービスの質の向上のための取り組みが明らかになる」，「評価結果を広く社会に発信することで，事業運営の透明性が図られ，福祉施設・事業所の理念・基本方針やサービスや支援の内容，特徴をアピールすることができる」と第三者評価受審の意義が示されている[4]。

　全国社会福祉協議会によると，第三者評価事業の受審数推移は，過去 10 年間で 2015 年に下がっているものの概ね増加傾向である（図表 5 - 4）。

　受審率は児童自立支援施設が最も割合が高く 70.7％，次いで母子生活支援施設 60.8％，児童養護施設が 60.5％の順である。社会的養護関係施設は受審が義

図表5−3 第三者評価の流れ

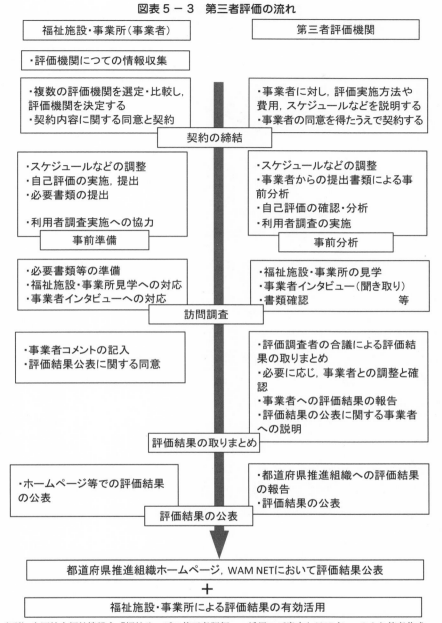

出所）全国社会福祉協議会「福祉サービス第三者評価——活用のご案内」2017年，p.2より筆者作成

務化されたことにより，他の施設種と比較して高い割合を示していると考えられるが，7割程度の受審率である。高齢者施設では，特別養護老人ホームが6.4％，訪問介護は0.3％，通所介護が0.9％と極めて低い。障害者施設でも同様に受審率は低い5）。第三者評価がスタートして15年近く経過するが，低い受審率は第三者評価が浸透していないことを示している。

第三者評価受審の低調対策として，高齢者福祉サービス事業所等や障害福祉サービス事業所等に対して，数値目標の設定や社会福祉法人監査の周期の延長

図表 5 − 4　第三者評価受審数の推移

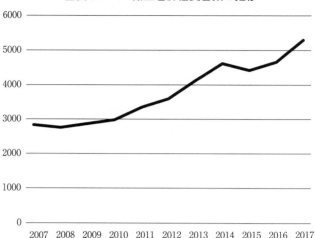

出所）全国社会福祉協議会「1. 受審数等の状況（総括表）(1) 都道府県別の受審数」2018 年より筆者作成

等が，社会的養護関係施設や保育所に対しては第三者評価受審費の加算が認められている[6]。

　今後の課題として，評価調査者の質，第三者評価の普及と受審費用，評価結果の見せ方があげられている。

　評価調査者は子どもや障害のある方等を対象に調査として意見を聴く場合がある。また社会福祉制度の理解が不十分であったり，施設等の特性を把握できていない状態で評価を行ってしまうことがある。これらのことから，評価調査者の質が課題である[7]。

　全国で調査機関の数に地域差があり，最も多いのは東京都の 117 カ所，最も少ないのは 1 カ所である。東京都は全国の 3 分の 2 以上を占めており，東京都以外で調査機関がほとんど普及していないことを示している[8]。また調査機関が 1 カ所と少ない県では，受審しようとする福祉施設等は調査機関を選択することができない。このようなことから，第三者評価の普及が課題である[9]。

　福祉サービスの需要の方が多い状況では受審費用の平均が 20 万円から 30 万円であることから，施設等にはそれだけの費用をかけてまで第三者評価を受審しようという動機づけが起こらない。受審費用の加算対応はあるが対象は限定的であり，受審費用について課題がある[10]。

　第三者評価の結果は現状では受審結果の量が膨大で欲しい情報を簡単に見つけることが難しい。また，複数の施設・事業所の情報を比較検討してサービスを選択しようとしても，それぞれの情報量が膨大で難しい。第三者評価の目的である利用者にとって「適切なサービス選択に資する情報」となるためには，第三者評価結果の見せ方が課題である[11]。

　認知症高齢者や知的障害者，精神障害者等，判断能力が不十分な人の権利を擁護する制度である日常生活自立支援事業と成年後見制度，そして，福祉サービスを利用した際に生じた苦情に対応する苦情解決について示す。

（1）日常生活自立支援事業

　日常生活自立支援事業は，1999年に地域福祉権利擁護事業としてスタートした（現在の名称に変更されたのは2007年）。認知症高齢者，知的障害者，精神障害者等，判断能力が不十分な人を対象に，一人ひとりに寄り添った丁寧な相談援助によって，地域での暮らしを支える事業として大きな役割を果たしている。

　実施主体は都道府県・指定都市社会福祉協議会であり，相談や利用者への支援等直接的な業務は市町村社会福祉協議会が実施する。

　利用者本人（または代理人）が社会福祉協議会（以下社協）と委任契約を結び支援が行われる。契約の内容を判断できると認められる人が対象である。

　支援内容は，福祉サービスの利用に関する情報提供や助言，手続きの援助，利用料の支払い等日常的金銭管理等である。市町村社協等に配置された専門員が利用者の相談に応じて支援内容を定め，具体的なサービスを行う生活支援員を決定する。利用者は実施主体が定める利用料を負担する。厚生労働省が参考として示している料金は，1回あたり平均1,200円である。生活保護受給世帯の利用料は無料である。

　社会福祉法第2条における第二種社会福祉事業であり，同法第81条「都道府県社会福祉協議会は，（中略），福祉サービス利用援助事業を行う市町村社会福祉協議会その他の者と協力して都道府県の区域内においてあまねく福祉サービス利用援助事業が実施されるために必要な事業を行うとともに，これと併せて，当該事業に従事する者の資質の向上のための事業並びに福祉サービス利用援助事業に関する普及及び啓発を行うものとする」を踏まえたものである。

　全国社会福祉協議会によれば，事業開始以来，相談・問合せ件数，契約件数は増加し続けており，2017年度末時点の実利用者数は約5万3千人である。精神障害者は，10年前と比較して問い合わせ・相談は4.2倍，実利用者数は3.1倍と著しく増加している。一方，1年間の新規契約件数の減少傾向と終了件数の増加で，実利用者の伸びは鈍化している。

　都市部を中心に専門員の体制が業務量に追い付いていないことや生活支援員の人材確保，生活保護制度との連携や成年後見制度への移行，運営財源の逼迫等が課題である。生活支援員の人材確保については，増員より適性を備えた人材の確保の方が課題として強く認識されている。

　今後の事業の方向性として，「成年後見制度の利用促進と本事業を一体的に

**日常生活
自立支援事業**

　認知症高齢者，知的障害者，精神障害者等のうち判断能力が不十分な人が地域において自立した生活が送れるよう，利用者との契約に基づき，福祉サービスの利用援助等を行うものである。都道府県・指定都市社会福祉協議会が実施主体である。事業の対象者は，①認知症高齢者や知的障害者，精神障害者等，判断能力が不十分な者で，当該事業の契約の内容について判断し得る能力を有していると認められる者となっている。具体的には，①福祉サービスの利用援助，②苦情解決制度の利用援助，③住宅改造，居住家屋の貸借，日常生活上の消費契約および住民票の届出等の行政手続に関する援助等，④預金の払い戻し，預金の解約，預金の預け入れの手続等利用者の日常生活費の管理（日常的金銭管理），⑤定期的な訪問による生活変化の察知，などの援助を行う。

展開することにより，地域における総合的な権利擁護体制を構築するために，権利擁護センター等の設置及び中核機関の受託を促進」，「各市町村において，地域共生社会の実現に向けた包括的支援体制のなかに権利擁護の課題への取り組みを位置付け，体制整備を推進」，「市町村が中心となって日常生活自立支援事業を実施していくことを含め，事業実施主体のあり方について検討」の3点が示されている[12]。

(2) 成年後見制度

　　成年後見制度は，認知症，知的障害，精神障害等によって判断能力が不十分であるため法律行為における意思決定が困難な人の判断能力を補い，その人の財産等の権利を擁護する制度で，民法に規定されている。大きく任意後見制度と法定後見制度に分けられる。

　　任意後見制度は，現在判断能力に問題のない人が，将来判断能力が低下した時に備えて事前に代理人（任意後見人）を選び，財産管理等の事務について契約を行っておくものである。本人の判断能力が低下した時に，契約した事務を家庭裁判所が選任した任意後見監督人のもとで，任意後見人が本人の意思に従った支援を行うものである。

　　法定後見制度は，判断能力の程度等本人の事情に応じて「後見」「保佐」「補助」の3つに分かれている。家庭裁判所によって選ばれた成年後見人等（成年後見人・保佐人・補助人）が，本人の利益を考えながら，本人を代理して契約等の法律行為を行ったり，本人が行った法律行為に同意を与えたり，本人が同意

図表5-5　成年後見制度

	後　見	保　佐	補　助
対　象	判断能力が欠けているのが通常の状態の方	判断能力が著しく不十分な方	判断能力が不十分な方
申立人	本人，配偶者，四親等内の親族，検察官，市町村長（注1）		
同意が必要な行為		民法13条1項所定の行為（注2）（注3）（注4）	申立ての範囲内での家庭裁判所が審判で定める「特定の法律行為」（民法13条1項所定の行為の一部）
取消可能な行為	日常生活に関する行為以外の行為	同上（注2）（注3）（注4）	同上（注2）（注4）
代理権の範囲	財産に関するすべての行為	申立ての範囲内で家庭裁判所が審判で定める「特定の法律行為」（注1）	同左（注1）
制度利用の場合の資格等の制限	医師，税理士等の資格や会社役員，公務員等の地位を失うなど（注5）	医師，税理士等の資格や会社役員，公務員等の地位を失うなど（注5）（注6）	（注6）

(注1) 本人意外の者の申立てにより，保佐人に代理権を与える審判をする場合，本人の同意が必要。補助開始の審判や補助人に同意権・代理権を与える審判をする場合も同じ。
(注2) 民法13条第1項では，借金，訴訟行為，相続の承認・放棄，新築・改築・増築などの行為が挙げられている。
(注3) 家庭裁判所の審判により，民法13条第1項所定の行為以外についても，同意権・取消権の範囲とすることができる。
(注4) 日用品の購入など日常生活に関する行為は除かれる。
(注5) 公職選挙法の改正により，選挙権の制限はなくなった。
(注6) 第196回通常国会に提出された成年被後見人等の権利の制限に係る措置の適正化等を図るための関係法律の整備に関する法律案が整理したときには，これらの資格等の一部について制限が見直される。
出所）厚生労働省「成年後見制度の現状」2019年，p.1より筆者作成

を得ずに行った不利益な法律行為を取消したりする，といった本人の権利を擁護するものである（図表5－5）[13]。

　成年後見制度の手続きは，必要書類等を整えて本人の住所地を管轄する家庭裁判所へ行う「申立て」，申立て後に裁判所職員が申立人や本人から事情を聴いたり，本人の判断能力を鑑定する等の「審問・調査・鑑定等」，家庭裁判所による後見等開始の審判や，成年後見人等の選任等を行う「審判（後見等の開始，成年後見人等の選任）」という流れである（図表5－6）。多くの場合，申立てから成年後見等の開始まで4カ月以内である[14]。

図表5－6　手続きの流れ

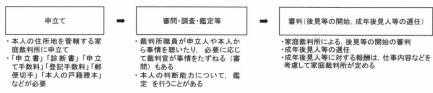

出所）裁判所ホームページ「第11 成年後見に関する問題」より筆者作成

　成年後見制度の利用者数は増加傾向にあり，2018年12月末日時点で約22万人である。2018年では成年後見の割合が約77.7％で最も高く，保佐が約16.4％，補助が約4.6％，任意後見が約1.2％であり，成年後見の割合が非常に高い傾向が続いている。

図表5－7　成年後見制度の利用者数の推移

出所）厚生労働省「成年後見制度の現状」2019年，p.2 より筆者作成

　申立人と本人との関係は，本人の子が最も多く約24.9％，次いで市区町村長が約21.8％，本人が約15.8％である。市区町村長申立件数は増加傾向である。

　申立ての動機は，「預貯金等の管理・解約」が最も多く約42.0％，次いで「身上監護」約20.5％，「介護保険契約」約9.8％である。

　成年後見人等と本人との関係については，「司法書士」が最も多く約29.0％，次いで「弁護士」約22.5％，「社会福祉士」約13.3％，「子」約12.1％の順である（図表5－8）。なお，親族（配偶者，親，子，兄弟姉妹及びその他親族）は約

図表 5 － 8　成年後見人等と本人との関係

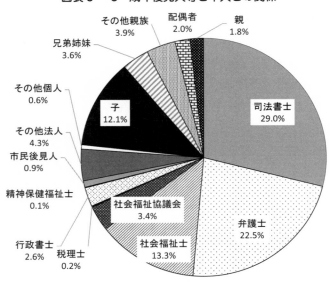

出所）厚生労働省「成年後見制度の現状」2019 年，p.11 より筆者作成

23.2％である[15)]。

　制度創設当時は親族が後見人等となる割合が非常に高かったが，その後親族以外の割合が高くなった。親族による不正が増加したことにより，不正防止のために親族以外の専門職後見人の選任を増やしてきたという経緯がある。

　2019 年 3 月最高裁判所は後見人と報酬について通知を出した。後見人については，「後見人にふさわしい親族等身近な支援者がいる場合は，本人の利益保護の観点から親族らを後見人に選任することが望ましい」という内容である。親族は専門職後見人に対して，財産管理だけの関わりに対して高い報酬を取られること等に不満があり，後見人になることを望む親族は多い。このような親族の不満が制度利用促進を阻んでいる[16)]。報酬については，これまでの財産額に応じた報酬から，業務量や難易度に応じた報酬にするというものである。財産が少なく業務量が多い場合等の報酬をどうするかは今後の課題としている[17)]。

　不正防止方策としては，後見監督人の選任（家庭裁判所が必要と認めるとき）や，日常生活に必要な金銭以外は信託銀行に預けるという後見制度支援信託制度を設けている。

　2020 年に認知症高齢者が 600 万人を超えると将来推計がなされていることから，成年後見制度の必要性が高まると予想されるが，制度開始から 20 年あまり経過するにも関わらず，利用者が約 22 万人と非常に少なく成年後見制度の利用は進んでいるとはいえない。

　2016 年に成年後見制度の利用の促進に関する法律が公布・施行，2017 年に成年後見制度利用促進基本計画が閣議決定された。親族後見人への支援等の役

割を担う「中核機関」を2021年までに全国の市区町村に設置することを計画
している等，国は成年後見制度の利用促進を推進している[18]。しかし，2018
年10月1日時点で中核機関を設置している市区町村は4.5%であり，今後の設
置予定が「未定」の市区町村が77.3%であることから[19]，国の計画通りの成
年後見制度の利用促進は厳しいものとなるかもしれない。

(3) 苦情解決

　サービス利用者の権利を擁護する仕組みとして，サービス利用者が利用サー
ビスに対して苦情がある場合，その苦情を申し出てそれを解決する仕組みが設
けられている。

　社会福祉事業の経営者による苦情解決として，社会福祉法第82条に「社会
福祉事業の経営者は，常に，その提供する福祉サービスについて，利用者等か
らの苦情の適切な解決に努めなければならない」と規定されている。また，都
道府県社会福祉協議会に設置するとされている苦情解決の機関である運営適正
化委員会については，社会福祉法第83条から第87条に示されている。介護保
険制度の対象となる福祉サービスに関する苦情は，介護保険法に基づき，国民
健康保険団体連合会が対応する[20]。

　社会福祉事業の経営者による福祉サービスに関する苦情解決の仕組みについ

図表5-9　福祉サービスに関する苦情解決の仕組みの概要図

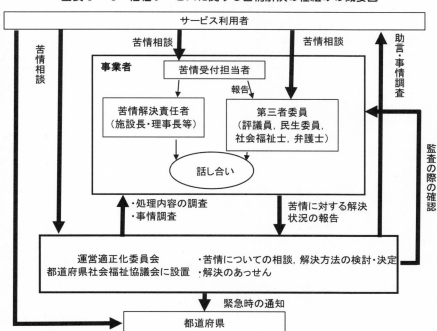

出所) 兵庫県福祉サービス運営適正化委員会『福祉サービス事業者における苦情解決第三者委員ハン
　　　ドブック（改訂2版）』2010年，p.5；厚生労働省「社会保障審議会福祉部会資料2　1 (2) 苦情
　　　解決事業」2004年より筆者作成

て，事業所内における苦情解決体制は，苦情解決責任者，苦情受付担当者，第三者委員からなる。ここでいう社会福祉事業の経営者とは社会福祉法第 2 条に規定する社会福祉事業を経営する者である。苦情解決責任者は，苦情解決の責任主体を明確にするため，施設長や理事等とする。苦情受付担当者は，サービス利用者が苦情の申出をしやすい環境を整えるため，職員のなかから任命される。職務としては，利用者からの苦情受付，苦情内容や利用者の意向等の確認と記録，受け付けた苦情やその改善状況等の苦情解決責任者及び第三者委員への報告を行う。第三者委員は，中立・公正の確保のために複数が望ましく，評議員や民生委員，社会福祉士，弁護士等苦情解決を円滑・円満に図ることができる者であり，報酬はできる限り無報酬が望ましいとされている[21]（図表 5 － 9）。

注）
1）全国社会福祉協議会「福祉サービス第三者評価―活用のご案内」2017 年
2）厚生労働省「市町村・都道府県における子ども家庭相談支援体制の強化等に向けたワーキンググループとりまとめ」2018 年
3）厚生労働省「社会保障審議会少子化対策特別部会　第 1 次報告―次世代育成支援のための新たな制度体系の設計に向けて　参考資料集」2009 年，p.133
4）前掲書 1）
5）全国社会福祉協議会「1. 受審数等の状況（総括表）（2）主な施設・サービス別の受審数・受審率と累計」2018 年
6）厚生労働省「保育所における第三者評価の実施について」2016 年；厚生労働省「障害福祉サービス事業所等における第三者評価の実施に係る留意事項について」2018 年；厚生労働省「社会的養護関係施設における第三者評価及び自己評価の実施について」2018 年；厚生労働省「高齢者福祉サービス事業所等における第三者評価の実施に係る留意事項について」2018 年；前掲書 1）
7）全国社会福祉協議会「第三者評価を福祉サービスの質の向上に活かす」『月刊福祉』100（3），2017 年，pp.29-38
8）全国社会福祉協議会「2. 第三者評価機関の認証数（認証開始～平成 30 年 3 月末まで）」2018 年
9）野田秀孝「福祉サービス第三者評価事業の現状と課題」『とやま発達福祉学年報』6，2015 年，pp.13-20
10）前掲書 9）
11）重田史絵「わが国の福祉サービス第三者評価制度の変遷から見る『利用者の選択に資する情報提供』に関する考察」『ライフデザイン学研究』13，2017 年，pp.133-158
12）全国社会福祉協議会「日常生活自立支援事業の今後の展開に向けて―地域での暮らしを支える意思決定支援と権利擁護　平成 30 年度日常生活自立支援事業実態調査報告書」2019 年
13）厚生労働省「成年後見制度の現状」2019 年
14）裁判所ホームページ「第 11 成年後見に関する問題」http://www.courts.go.jp/saiban/qa_kazi/qa_kazi61/index.html（2019 年 10 月 16 日閲覧），法務省「成年後見制度成年後見登記」2019 年
15）前掲書 13）
16）「成年後見『親族望ましい』」『朝日新聞』（2019 年 3 月 19 日朝刊）

17) 「成年後見報酬見直し促す」『朝日新聞』（2019 年 4 月 3 日朝刊）

18) 前掲書 13)

19) 厚生労働省「第 2 回成年後見制度利用促進専門家会議　資料 5」2019 年

20) 厚生労働省「『運営適正化委員会における福祉サービスに関する苦情解決事業について』の一部改正について」2017 年

21) 厚生労働省「社会福祉事業の経営者による福祉サービスに関する苦情解決の仕組みの指針について」2017 年

プロムナード

　人口減少，高齢化の進展，認知症高齢者の増加，一人暮らし高齢者の増加といった現状と将来推計から，特に高齢者の権利擁護の重要性はますます高まるものと考えられます。

　本章で示した第三者評価，日常生活自立支援事業，成年後見制度は，利用者の権利擁護を図るために創設された取り組みですが，利用は低調であって取り組みが浸透していない現状があります。

　なかでも判断能力が低下した利用者の生活を守る日常生活自立支援事業，成年後見制度がその役割を十分に果たすためには，指摘されている課題を克服しなければなりません。成年後見制度については，最高裁判所が 2019 年に通知を出してこれまでと異なる方向性の新たな方針を示しました。

　今後さらに重要性が高まるであろう日常生活自立支援事業，成年後見制度について，真に利用者の権利を擁護する仕組みとなるために，どのような方針で，どのように展開されていくのかしっかりと見つめ続けていくことが必要です。

学びを深めるために

永峰英太郎『認知症の親と「成年後見人」―後見人なしで最後まで親に寄り添う方法』ワニブックス，2018 年

　実父の成年後見人となった筆者が，自分自身の経験を基にして成年後見制度について記した本です。制度の使いづらさも含めて筆者が経験した具体的エピソードを通して，成年後見制度がわかりやすく書かれています。

第 **6** 章

子どもの権利擁護と社会福祉

1　子どもの権利とは

（1）児童の権利条約にみる子どもの権利

　子どもは，親をはじめとしたおとなの保護のもとで成長するが，自分の思い
や考えをもった存在であり，一人の人間としておとなと同じ人格を持つ存在と
して尊重されなければならない。なかには，「子どもに権利を認めれば，わが
まま放題になる」という意見もあるが，こうした見解は権利に対する考え方に
おいて基本的に間違っている。子どもは，他者から「あなたはかけがえのない
人だ」「価値ある存在だ」として自分の思いや意志を尊重される経験を通じて，
他者から大切にされていることを実感し，自己肯定の感情とともに他者をも尊
重していく心が育まれていくのである。

　一人ひとりの子どもたちが，人としての尊厳と権利が守られながら豊かな愛
情をもって育てられ，健やかな成長を保障されるために，基本的人権が子ども
にも保障されるべきことを国際的に定めた「児童の権利条約」が1989年に国
連で採択され，1990年国際条約として発効された。日本は，1994年4月22日
にこの条約に批准し，1994年5月22日に発効した。

　児童の権利条約は国際条約であり，日本国憲法の次に日本のすべての法律や
施策を規定していく土台となるものであるから，子どもの権利条約という国際
法にのっとっていろいろな関連の法律ができていくことになる。

　児童の権利条約では，子ども（18歳未満）を権利の主体と位置づけ，おとな
と同じひとりの人間としてもっている権利を認めるとともに，おとなに向けて
成長している段階にある弱い立場ともいえる子どもたちに対する保護や配慮の
必要性などを定めている。

　ユニセフ（UNICEF：国連児童基金）によれば，児童の権利条約で述べられて
いる子どもの権利は，「生きる権利」，「育つ権利」，「守られる権利」，「参加す
る権利」の4つの権利にまとめることができる。

　「生きる権利」とは，すべての子どもの命が守られ，病気などで命を奪われ
ないこと，病気やけがをしたら治療を受けられることなどである。「育つ権利」
とは，考えや信じることの自由が守られ，もって生まれた能力を十分に伸ばし
て自分らしく育つことができるよう教育や生活への支援などを受け，休んだり
友達と遊んだりすることなどである。「守られる権利」とは，あらゆる種類の
虐待や搾取，有害な労働などから守られること，障害のある子どもや少数民族
の子どもなどは特別に守られることなどである。「参加する権利」とは，自由
に意見を表したり，集まって団体を作ったり自由な活動を行ったりできること
などである。

　この条約のキーワードとして，「子どもの最善の利益」があげられる。児童
の権利条約の第3条の第1項において，「児童に関するすべての措置をとるに

当たっては，公的若しくは私的な社会福祉施設，裁判所，行政当局又は立法機
関のいずれによって行われるものであっても，児童の最善の利益が主として考
慮されるものとする」と記している。ここで用いられている「措置」とは，か
なり幅広い概念となり，行政処分性を有する行為のみではなく，子どもになん
らかの影響力などが間接的に及ぶ場合も含められる。したがって，子どもにか
かわるすべての活動において，「子どもの最善の利益」が主として考慮されな
ければならない。つまり，「子どもにとって最もよいことは何か？」というこ
とを基準に考え，「子どもの生存，発達を最大限の範囲において確保するため
に必要なニーズが最優先されて充足され」，なければならないということであ
る。

(2)「子どもの最善の利益」の考慮

　「子どもの最善の利益」の考慮において一番重要となることは，子どもを人
間として尊重し，その人権や権利を重んじる視点を持って，権利の主体として
子どもの考えや意見に積極的に耳を傾け，声なき声に対しても子どもの視点を
大切にして耳を傾けようとする努力を怠ることなく，独立した人格である子ど
もの意見を反映させるように配慮することである。

　ただし，子ども自らが「そうしたい」と思うことを実行することが必ずしも
「子どもの最善の利益」となるわけではない。一方，専門職が専門的見地から
考えることを実行することが必ずしも「子どもの最善の利益」になるわけでも
ない。すなわち，子どもの立場から，子ども自身がどのように考えるかという
視点を持ち，子どもの発達と自立の保障を念頭に置きながら，おとなと子ども
がお互いの納得を形成するよう話し合う態度を大切にしていくことが必要なの
である。その場合，子どもの話し合いにおける技術の未熟さなど，なかなか適
切な言葉が出てこないということもあるということなども配慮したうえで話し
合っていくことが基本となる。

　子どもの意見をきちんと聞かなければならないということは，児童の権利条
約の第12条第1項で，「自己の意見を形成する能力のある子どもがその子ども
に影響を及ぼすすべての事項について自由に自己の意見を表明する権利を確保
する。この場合において，子どもの意見は，その子どもの年齢及び成熟度にし
たがって相応に考慮されるものとする。」と規定されている。乳幼児に対して
も意見表明権を尊重しなければならない。国連・子どもの権利委員会は一般的
意見第7号において，乳幼児は「すべての権利の保有者」であることを強調し
ている。

　なお，子どもは，成長するためには大人の支援が必要であり，子どもの権利
条約では，子どもの健やかな成長のために必要な，保護されたり，配慮される
権利等についても定められていることを忘れてはならない。

（3）児童の権利条約誕生までの変遷

　子どもを単なる保護や指導の対象ではなく，権利の主体として，独立した人格と尊厳を持ち自ら選びながら成長していく存在と位置づけている子どもの権利条約が誕生するまでの変遷についてみていく。

　第一次世界大戦で多くの子どもが命を失ったことの反省として，1924年 国際連盟総会にて「児童の権利に関するジュネーブ宣言」が採択され，「人類が児童に対して最善のものを与えるべき義務を負う」という子どもの適切な保護が宣言された。

　その後，1948年に国際連合にて，すべての人は平等であり，それぞれが同じ権利を持つとした「世界人権宣言」が採択された。

　1959年には，子どもは子どもとしての権利をそれぞれ持つとした宣言である「児童の権利宣言」が第14回国連総会で採択され，心身ともに未成熟な子どもが，健全な成育と幸福と社会的諸権利を保障されるべきことが確認された。

　そして，1978年 には，「児童の権利条約」の草案（はじめの具体的な案）がポーランド政府から国連人権委員会に提出されたのである。ポーランド政府は，第二次世界大戦のナチス・ドイツのホロコーストのなかで，多くの子どもたちの生命を守ろうとして殺害されたユダヤ系ポーランド人の教育者ヤヌシュ・コルチャックによる「子どもの人間としての尊厳」の精神を継承する意図により行ったのである。

　1989年，子どもの権利条約は，国連で採択され，1990年国際条約として発効された。

（4）児童の権利条約と児童福祉法

　第二次世界大戦後間もない1947年に，わが国の子どもの福祉を保障するための法律として児童福祉法が制定されて以来，この法の理念に関しては長い間，変更されてこなかった。しかし，2016年の児童福祉法の改正により，法の理念に関する条文が変更され，第1条で，「全て児童は，児童の権利に関する条約の精神にのっとり，適切に養育されること，その生活を保障されること，愛され，保護されること，その心身の健やかな成長及び発達並びにその自立が図られることその他の福祉を等しく保障される権利を有する。」と定められた。また，第2条では，「全て国民は，児童が良好な環境において生まれ，かつ，社会のあらゆる分野において，児童の年齢及び発達の程度に応じて，その意見が尊重され，その最善の利益が優先して考慮され，心身ともに健やかに育成されるよう努めなければならない。」とされた。

　このように，わが国が「児童の権利条約」を批准してから22年を経た2016年に，児童福祉法の基本理念において，子どもの人権を保障する「子どもの権利条約」の精神が掲げられ，子どもを人権の主人公として尊重し，子どもも大

コルチャック，J.
（Korczak, janusz：1878-1942）ポーランド生まれのユダヤ系ポーランド人で，医師・孤児院院長・児童文学作家である。彼は，ワルシャワ大学医学部を卒業後，ロシア軍医（当時，ポーランドはロシア領であった）として戦地に赴く。33歳のとき，ユダヤ人孤児院「孤児たちの家ドム・シュロット」（1911）を設立する。その後，ポーランドが独立（1918）する。そして，41歳のときにはポーランド人孤児院「僕たちの家ナシュ・ドム」（1919）を設立。彼は，第二次世界大戦中も，児童の人権の確立について書籍・新聞・ラジオ放送等を通じて訴え続けた。コルチャックは子どもたちと悲劇の死を遂げるが，彼が掲げた児童の基本的人権の尊重は，のちに国連において制定された「児童の権利に関する条約（子どもの権利条約）」（1989）の理念に多大な影響を与えたといわれている。

人と同じ独立した人格を持つ権利の主体として捉えることが理念として位置づけられた。

　子どもに関する基幹的な役割を果たす法律である児童福祉法において，このような精神が法の理念に明記されたことは，わが国における子どもたちの権利の実現への大きな一歩である。

(5) 保育における「子どもの最善の利益」

　保育の現場においても当然「子どもの最善の利益」が主として考慮されなければならない。そのためには，子どもを一人の人間として尊び，子どもの思いをしっかりと受け止め，子どもたち一人ひとりのニーズに心を向けて，子ども主体の保育をすすめることが必要となる。すなわち，保育者は，常に子どもに対して人間の尊厳を重んじる心や行為で向き合っているか，子どもの利益・ニーズよりも保育者や保護者の利益・ニーズが優先されていないかを省察しなければならない。

　保育所保育指針についてみてみると，児童の権利条約の理念が採り入れられており，第1章（総則）において，「保育所は，児童福祉法第39条の規定に基づき，保育を必要とする子どもの保育を行い，その健全な心身の発達を図ることを目的とする児童福祉施設であり，入所する子どもの最善の利益を考慮し，その福祉を積極的に増進することに最もふさわしい生活の場でなければならない。」と明記している。また，5章（職員の資質向上）のなかの保育所職員に求められる専門性において，「子どもの最善の利益を考慮し，人権に配慮した保育を行うためには，職員一人一人の倫理観，人間性並びに保育所職員としての職務及び責任の理解と自覚が基盤となる。」と記されている。

　このように保育所保育指針では，保育において子どもの最善の利益を考慮することが重要な意味を持つものとして位置づけられている。

　子どもの最善の利益を考慮する保育実践にあたって，網野（2015）は，以下の4段階を踏まえながらすすめることが必要であるとしている[1]。

第1段階　子どもの命や健康，成長・発達が脅かされることのないように考慮する。

第2段階　子どもへの差別，偏見，蔑視がなされないように考慮する。

第3段階　子どものニーズ，思い，願いを無視，軽視することのないように考慮する。

第4段階　子どもの意見を確かめるように考慮する

　第1段階では，受動的権利保障のウエイトが圧倒的に高く，徐々に能動的権利保障のウエイトが高まり，第4段階では，能動的権利保障のウエイトが圧倒的に高くなる。

　保育では，日々子どもとしっかり向き合い，その時その場所でその子どもに

最善の利益を保障するための最善の努力をすることが肝要となるのである。子どもが興味関心を持って取り組めるような保育を創り出すことが，子どもの権利を守ることにもなる。保育者は，常に子どもの思いをしっかりと受け止め，子どもが「イヤ」な時には「イヤ」という表現ができるようにしておかなければならない。また，意見を表明する能力を十分に持ちえない子どもに対しても，その利益が損なわれないように最大限に配慮することが必要である。

　したがって，保育者には，特に子どもの発達段階に応じた説明力や傾聴力が求められる。説明力とは保育者が権威や強さを誇示して子どもを諭すということではなく，むしろ保育者自身が子どもに対して心を開いて話をしていくことである。場合によっては，保育者が自分の弱さや迷いをも表現しつつ，子どもとの対話に努めることも必要とされる。このような保育者自身の戸惑いや苦悩をも包み隠さない姿勢により，その対話が子どもの心に響き，子どもがその対話を肯定的に受け入れることを促すことにもなる。この過程において，保育者は子ども理解だけではなく，自分自身のことをより深く理解することも求められる。子どもをより理解しようとすることは，子どものことを真剣に考える自分自身と出会うことにもなるからである。

　保育者が，子どもへの具体的な対応に苦慮する時こそ，「子どもの最善の利益」の意味を踏まえ，総合的な観点から判断していかなければならない。子どもが興味・関心をもって，日常の生活や遊びの主人公となるような保育内容を創り出すことが，子どもの権利を守ることになる。

　なお，保育者は「児童の最善の利益」の実現を目指すために，子どもやその保護者を直接目の前にした日々の実践だけではなく，場合によっては，子どもを守るための政策立案への働きかけに配意することも必要となるであろう。

２　子どもの権利侵害の実態とその対応

　子どもの生きる権利，育つ権利，守られる権利，参加する権利を侵害するもので看過することができない深刻な人権侵害の問題として，児童虐待をはじめ，体罰，いじめ，児童買春・児童ポルノ，貧困などがあげられる。

（1）児童虐待の実態とその対応
1）児童虐待の実態
　児童虐待は，子どもの健やかな成長や人格形成に深刻な影響を与える行為であり，次世代に引き継がれるおそれも含んでおり，子どもに対する重大な人権侵害といえる。「児童虐待の防止等に関する法律」（以下，児童虐待防止法という）では，このような児童虐待について次のように定義している。

〈児童虐待の定義〉

> 第2条　この法律において,「児童虐待」とは,「保護者（親権を行う者,未成年後見人その他の者で,児童を現に監護するものをいう。以下同じ。）がその監護する児童（18歳に満たない者をいう。以下同じ。）について行う次に掲げる行為をいう。

　親権者や未成年後見人であっても,子どもの養育を他人に委ねている場合は保護者には該当しない。一方,親権者や未成年後見人でなくても,子どもの母親と内縁関係にある者も,子どもを現実に監護・保護している場合には保護者に該当することになる。

> 一　児童の身体に外傷が生じ,又は生じるおそれのある暴行を加えること。

　具体的には,子どもに対して殴る,叩く,蹴る,熱湯を浴びせかける,タバコの火を押し付けたり,激しく揺さぶる,熱湯をかける,布団蒸しにする,溺れさせる,体を縛り付ける,逆さ吊りにするなどであり,このような行為を身体的虐待という。

> 二　児童にわいせつな行為をすること又は児童をしてわいせつな行為をさせること。

　具体的には,子どもへの性的な行為や,子どもに性的な行為を見せることや,子どもの性器を触るまたは子どもに性器を触らせるなどの性的行為,子どもをポルノグラフィーの被写体などにするなどであり,このような行為を性的虐待という。

> 三　児童の心身の正常な発達を妨げるような著しい減食又は長時間の放置,保護者以外の同居人による前二号又は次号に掲げる行為と同様の行為の放置その他の保護者としての監護を著しく怠ること。

　具体的には,食事・衣服・住居などにおいて極端に不適切で子どもの健康状態を損なうほどの無関心・怠慢や,子どもが重大な病気になっても病院に連れて行かなかったり,乳幼児を家に残したまま外出したり,学校に行かせないことなどであり,このような行為をネグレクトという。

> 四　児童に対する著しい暴言又は著しく拒絶的な対応,児童が同居する家庭における配偶者に対する暴力（配偶者（婚姻の届出をしていないが,事実上婚姻関係と同様の事情にある者を含む。）の身体に対する不法な攻撃であって生命又は身体に危害を及ぼすもの及びこれに準ずる心身に有害な影響を及ぼす言動をいう。）その他の児童に著しい心理的外傷を与える言動を行うこと。

　具体的には，「死ね」「バカ」「おまえなんて産まなければよかった」などの子どもの心を傷つける暴言，子どもを無視すること，拒否的な態度を示すこと，他のきょうだいとは著しく差別的な扱いをすること，子どもの面前でのDVなどであり，このような行為を心理的虐待という。

　以上のように，児童虐待は，身体的虐待，性的虐待，ネグレクト，心理的虐待の4種類に分類される。ただし，実際の児童虐待では，それぞれ単独で発生することもあるが，暴力とともに暴言・脅し，性的暴行とともに脅し・暴力，などが，複雑に絡まりあって起こる場合もあるため，単純に分類できるとは限らない。

　2018（平成30）年度中に全国の児童相談所が，児童虐待として対応した件数は，15万9,850件になり，統計をとりはじめた1990年度から連続で過去最多を更新している。

図表 6-1　児童相談所における児童虐待の相談対応件数の推移

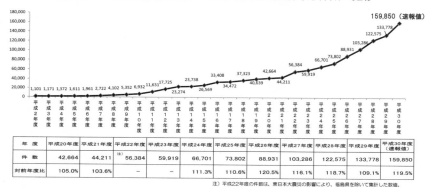

年　度	平成20年度	平成21年度	平成22年度	平成23年度	平成24年度	平成25年度	平成26年度	平成27年度	平成28年度	平成29年度	平成30年度（速報値）
件　数	42,664	44,211	注) 56,384	59,919	66,701	73,802	88,931	103,286	122,575	133,778	159,850
対前年度比	105.0%	103.6%	－	－	111.3%	110.6%	120.5%	116.1%	118.7%	109.1%	119.5%

注）平成22年度の件数は，東日本大震災の影響により，福島県を除いて集計した数値。

出所）厚生労働省「平成30年度児童相談所での児童虐待対応件数（速報値）」2019年

　虐待の内容をみてみると，心理的虐待が55.3%，身体的虐待が25.2%，ネグレクトが18.4%，性的虐待が1.1%となっている。かつては，身体的虐待の割合が一番高かったが，2013年度以降，心理的虐待の占める割合が一番高くなっている。また，性的虐待は，表面化しにくい虐待であり，水面下に隠れているケースも多いと考えられている。2017年度の児童相談所における児童虐待の相談件数のうち，主たる虐待者については，実母が46.9%，実父が40.7%，継父等が6.1%，継母等が0.6%，その他が5.7%である。実父の割合は近年増加傾向にある。また，虐待を受けた子どもの年齢別にみると「7～12歳」が33.3%，「3～6歳」が25.5%，「0～2歳」が20.2%となっている。

2）児童虐待への対応

　児童虐待は，児童の人権を著しく侵害し，その心身の成長及び人格の形成に重大な影響を与えるものであり，将来の世代の育成にも懸念を及ぼす。そこで，

児童に対する虐待の禁止，児童虐待の予防及び早期発見等や虐待を受けた子どもの保護などのための取り組みについて規定する児童虐待防止法が2000年に制定された。また，2004年の児童福祉法の改正では，虐待を受けている子どもを始めとする要保護児童の早期発見や適切な保護を図り，関係機関がその子ども等に関する情報や考え方を共有し，適切な連携の下で対応していくために，要保護児童対策協議会が設置されることとなった。2011年には民法の改正により，子どもの権利擁護の視点から親権制度および未成年後見制度の一部見直しが行われた。

　さらに，2016年の児童福祉法等の一部改正では，すべての児童が健全に育成されるよう，児童虐待の発生予防から自立支援まで一連の対策の強化等を図るため，児童福祉法の理念の明確化（子どもが権利の主体であること等）・母子健康包括支援センター（妊娠期から子育て期にわたるまでの切れ目ない支援のワンステップ拠点）の全国展開・市町村及び児童相談所の体制強化などが行われた。

　2017年の児童福祉法及び児童虐待防止法の一部改正では，虐待を受けている児童等の保護を図るため，児童相談所長等から保護者の意に反する施設入所などの親子分離の措置の承認の申立てがあった場合に，家庭裁判所が都道府県に対して保護者指導を勧告することができることになるなど，子どもの保護についての司法関与が強化された。

　また，2019年の児童福祉法等の一部改正では，児童虐待防止対策の強化を図るため，子どもの権利擁護（体罰の禁止の法定化など），児童相談所の体制強化（医師，保健師，弁護士の配置等の法定化など），児童相談所の設置促進，関係機関間の連携強化などがなされることとなった。

　なお，児童虐待防止の市民運動の代表的なものとして，オレンジリボン運動をあげることができる。これは，NPO法人児童虐待防止全国ネットワークが中心となり，民間団体や地方自治体などとともに児童虐待防止のシンボルマークとしてオレンジリボンを広め，子どもへの虐待の現状を伝えることで，児童虐待をなくすことを呼びかけている活動である。

（2）被措置児童等虐待（施設内虐待）の実態とその対応
1）被措置児童等虐待の実態

　児童養護施設など児童福祉施設に入所している子ども，里親に委託されている子どもを「被措置児童等」といい，このような被措置児童等が，子どもを保護して守るべき立場の施設職員や里親等から，身体的虐待，性的虐待，ネグレクト（養育の放棄等），心理的虐待を受けることを「被措置児童等虐待」という。こうした被措置児童等虐待（施設内虐待）は，社会的養護における理念である子どもの最善の利益に反する行為であり，あってはならないことである。施設などで生活している子どものなかには，保護者から虐待等を受けて心に深い傷を

受けたものもおり，また，そのような背景はなくても，施設職員等から虐待などを受けた際の子どもの心の傷は計り知れないものがある。

　2016年度，全国の都道府県および市において，被措置児童等への虐待の事実が認められた件数は，87件（2015年度以前の繰り越し事例を含む）である。

2）被措置児童等虐待への対応

　児童福祉施設で生活する子どもたちに権利を伝え，権利が侵害された時のその解決方法について説明するものとして「子どもの権利ノート」という小冊子がある。「子どもの権利ノート」を作成する取り組みは，1995年に大阪府において初めて行われ，その後，多くの自治体に普及していった。「子どもの権利ノート」は，施設で生活する子どもたちに権利を伝えるためだけではなく，施設における暴力問題に対する対策としての側面ももっている。

　被措置児童等虐待を防止し，児童福祉施設で生活する子どもたちの権利を擁護するため，国は，1998年に児童福祉施設最低基準（現児童福祉施設の設備及び運営に関する基準）を改正し，児童福祉施設長に対し，懲戒に係る権限の濫用（身体的苦痛や人格を辱めるなど）禁止の規定を設けた。2009年には，児童福祉法を改正し，被措置児童等虐待の防止のための枠組みが規定された。また，同年には，被措置児童等虐待に対する都道府県関係部局の連携体制や通告等の具体的対応等の体制などを都道府県等に示した「被措置児童等虐待対応ガイドライン」が作成されるとともに，被措置児童等虐待に関する届出等制度も施行された。国は毎年度，都道府県市等から前年度の被措置児童等虐待の事例について報告を受け，取りまとめたものを公表している。

（3）体罰の実態とその対応

1）体罰の実態

　体罰は子どもの権利を侵害する行為である。また，科学的にも子どもの健全な育成への弊害が明らかになっている。しかし，わが国では体罰を容認する意識が根強い。公益社団法人セーブ・ザ・チルドレン・ジャパンが実施した全国の成人2万人を対象にしたインターネットでの意識調査（2017）によると，「しつけ」のために体罰を容認する人が約6割にのぼり，さらに子育て中の親1,030人の約7割が実際に子どもをたたいたことがあると答えている[2]。しかし，「しつけ」とは，自分で自分をどう律していくかなど，自分で考えて自分をコントロールしていくことができるように自立に向けた援助をしていくことである。これに対して，体罰とは，相手に対して力や恐怖心などを与えることにより，相手の行動をコントロールしていくことである。すなわち，体罰は，身体的痛みによる恐れを相手に与え，それにより一時的に言うことを聞かせるだけであり，善悪を判断できる力を育ませるものではなく，「しつけ」にはならない。また，体罰は同じ方法では相手はそれに慣れてしまい怖がらなくなること

もあり，エスカレートする傾向をもっている危険な行為である。

2) 体罰への対応

　わが国では，「しつけ」と称した悲惨な虐待事件が相次ぐことから，児童虐待の防止策を強化するために，2019年に親の子どもへの体罰を禁止する改正児童虐待防止法と改正児童福祉法が成立され，親権者や里親，児童福祉施設長による子どもの「しつけ」の際の体罰禁止が明文化されることとなった。これにより，懲戒権に基づき体罰が認められるという解釈の余地がなくされた。体罰禁止に違反した場合の罰則については設けられていないが，体罰が広く容認されているわが国において，法律により明示的に体罰が禁止された意義は大きいといえる。なお，親が子どもを戒めることを認めている民法の「懲戒権」の見直しについては，当該改正法の施行後2年をめどに検討することが付則に定められた。

　体罰を法的に禁止することに関しては，国連子どもの権利委員会は批准国に対して繰り返し勧告している。

　子どもへの体罰禁止を世界で初めて法制化したスウェーデンをみてみると，1979年に親子法を改正し，子どもへのあらゆる形態の体罰，またはその他の心理的虐待に当たる取り扱いを禁止するとともに，政府主導の啓発キャンペーンや親への支援を展開した結果，1981年には90%のスウェーデン人家庭が体罰の禁止を認知するに至り，大人の体罰の容認と使用が継続的に減少していった。1970年代にはスウェーデンの子どもの約半数が日常的に叩かれている状況であったが，1980年代にはそれが約3分の1に減少し，2000年以降は数パーセントとなったのである。

　体罰禁止の法制化は，それが国民の規範となり，子どもへの不適切なかかわりの抑止力としてはたらき，虐待への予防効果も大きいといえる。

(4) いじめの実態とその対応

1) いじめの実態

　「いじめ」は，それが原因で自殺や殺傷事件，あるいは不登校などに至る場合もあり，重大な人権侵害である。「いじめ」の根底には，他人に対する思いやりやいたわりといった人権を尊重する意識の希薄にあるといえる。文部科学省の調査によると，2017年度のいじめの認知件数は414,378件であり，子ども1,000人あたり30.9件ということになる。

　最近の子どもの「いじめ」の実態は，実に巧妙で，その態様も次第にエスカレートしていく傾向にあるなど，執拗・陰湿なケースが増加している。

2) いじめへの対応

　いじめの問題に対峙するため，わが国では，2013年に「いじめ防止対策推進法」が成立された。この法律では，「いじめ」を「児童生徒に対して，当該

児童生徒が在籍する学校（小学校，中学校，高等学校，中等教育学校及び特別支援学校）に在籍している等当該児童生徒と一定の人的関係にある他の児童生徒が行う心理的又は物理的な影響を与える行為（インターネットを通じて行われるものを含む）であって，当該行為の対象となった児童生徒が心身の苦痛を感じているもの」と定義し，子ども（児童生徒）が，ある子どもを心理的，物理的に攻撃することにより，いじめられている子どもの心や体が傷つき，被害を受けて苦しんだりすることであり，「インターネットいじめ」も含むものとした。さらに，同法では，学校におけるいじめの防止・早期発見・対処のための基本理念，いじめの禁止，関係者の責務などを定めている（いじめについては第1章の2の(2)で詳しく述べている）。

(5) 児童買春・児童ポルノの実態とその対応
1) 児童買春・児童ポルノの実態

　最近では，国内外での児童買春や性的虐待，インターネット上における児童ポルノの氾濫など，子どもの商業的性的搾取の問題が世界的に深刻になっている。

　児童買春・児童ポルノ禁止法違反の被害者数についてみてみると，児童買春事犯の被害者は2017年では645人となっており，被害者は中学生と高校生が8割以上を占めている。また，児童ポルノ事犯の被害者数については，2017年は1,216人となっている。このうち，小学生以下（年齢鑑定で可能性ありと認定されたものを含む）が約22％（263人）を占めており，児童ポルノ事犯の被害者の2割強は低年齢の子どもとなっている。

2) 児童買春・児童ポルノへの対応

　児童の権利を著しく侵害する児童買春・児童ポルノの問題の解決に向けて，わが国では，そのような行為等を処罰するとともに，その被害児童の保護のための措置等を定め，児童の権利を擁護するために，1999年に「児童買春，児童ポルノに係る行為等の処罰及び児童の保護等に関する法律（以下，「児童買春・児童ポルノ禁止法」という）」が施行された。2005年には子どもの商業的性的搾取，人身売買，性的虐待を厳しく規制することを求めた「児童の売買，児童買春及び児童ポルノに関する児童の権利に関する条約の選択議定書」に日本は批准した。2014年に児童買春・児童ポルノ禁止法は一部改正され，自己の性的好奇心を満たす目的で，児童ポルノを所持，保管する行為や，ひそかに子どもの姿態を描写することにより，児童ポルノを製造する行為を処罰する罰則が新設され積極的な取り締まりが行われている。

(6) 貧困の実態と対応
1) 貧困の実態

　子どもの貧困は，子どもの学びや発達する権利を侵害する状況をもたらす。

　2015年の国民生活基礎調査によると，わが国の子どもの相対的貧困率（国民の年間所得の中央値の50％に満たない所得水準のひとびとの割合）は，13.9％であり，実にわが国の子どもの約7人に1人（約280万人）が貧困状態にあることを示している。ひとり親家庭をみてみると，さらに厳しい状況にあり，貧困率は50.8％である。

　このような家庭の経済的貧困は，子どもから教育を受ける機会を奪うことにつながる。さらに，教育機会に恵まれなかったことで低学力・低学歴となってしまった子どもは，その後，所得の低い職業に就かざるを得なくなることも多く，次の世代へと貧困の連鎖が続いていくことにもなる。

2）貧困のへの対応

　子どもの将来がその生まれ育った環境によって左右されることのないよう，貧困の状況にある子どもが健やかに育成される環境を整備するとともに，教育の機会均等を図るため，2013年に，「子どもの貧困対策の推進に関する法律」が制定された。

　また，2014年には，この法律の具体的な行動計画である「子どもの貧困対策に関する大綱─全ての子供たちが夢と希望を持って成長していける社会の実現を目指して─」が策定された。当該大綱による取り組みのひとつに，経済的な理由等により生活困窮状態にある世帯の子どもを対象とする「学習支援事業」（現：「子どもの学習・生活支援事業」）が位置づけられ，2015年度から各自治体において取り組みが始められている。

　2019年には，「子どもの貧困対策の推進に関する法律」の改正がなされ，都道府県に努力義務として課していた子どもの貧困対策に関する計画策定を市区町村にも対象を拡大することで，子どもへの支援の強化が図られた（子どもの貧困については，第1章の2の（1）で詳しく述べている）。

(7) 子どもの権利擁護機関

　権利擁護の取り組みとして，人権擁護委員法（1949）に基づく人権擁護委員があげられる。人権擁護委員は，法務大臣が委嘱する無報酬の民間ボランティアであり，全国の各市町村に配置されており，人権啓発活動や人権相談を担う特別職の国家公務員である。女性・子ども・高齢者をめぐる人権の問題や近隣とのトラブルなどの相談対応を行っている。

　なお，「いじめ」，体罰，不登校などの子どもをめぐる人権問題に適切に対処するため，人権擁護委員のなかから，子どもの人権問題を主体的，重点的に取り扱う「子どもの人権専門委員」が1994年に設置された。

　また，いじめや差別・暴力などの子どもの権利侵害に対して，救済を行うための仕組みとして，公平・中立で独立性と専門性をもつ第三者機関を自治体や民間が設置しているところもある。この機関では，「オンブズパーソン」など

に任命された子どもの権利に関する学識経験者（教育や福祉の研究者，弁護士など）が，子どもなどからの相談を受けて，助言や支援をしたり，子どもの関係機関や権利侵害をしている相手方との調整をしたり，救済申し立ての場合には調査を行い，深刻なケースには相手方に改善を求めたりしている。

注）
1) 網野武博「Children First」岩田力・大澤力編著『子ども学総論―子どもに生きる・子どもと創る！―』日本小児医事出版社，2015 年，pp.14-20
2) セーブ・ザ・チルドレン・ジャパン『国際 NGO セーブ・ザ・チルドレン　報告書「子どもの体やこころを傷つける罰のない社会を目指して」発表―国内 2 万人のしつけにおける体罰等に関する意識・実態調査―』2018 年

参考文献
　岩田力，大橋力『子ども学総論―子どもに生きる・子どもと創る！―』日本小児医事出版社，2015 年
　木附千晶・福田雅章『子どもの権利条約ハンドブック』自由国民社，2016 年
　新保幸男「『児童の最善の利益』について」『世界の児童と母性』資生堂社会福祉事業団，2013 年
　セーブ・ザ・チルドレン・ジャパン『国際 NGO セーブ・ザ・チルドレン　報告書「子どもの体やこころを傷つける罰のない社会を目指して」発表国内 2 万人のしつけにおける体罰等に関する意識・実態調査結果―』2018 年
　セーブ・ザ・チルドレン・ジャパン『子どもに対する暴力のない社会をめざして体罰を廃止したスウェーデン 35 年のあゆみ』2014 年
　内閣府『子ども・若者白書　令和元年版』日経印刷，2019 年
　成清美治・加納光子編集代表『第 13 版現代社会福祉用語の基礎知識』学文社，2019 年
　日本子どもを守る会『子ども白書 2019』かもがわ出版，2019 年

プロムナード

コルチャック，J.
　ユダヤ系ポーランド人の裕福な家に生まれ，医師となったが，全生涯を孤児救済と子どもの教育についやした。ユダヤ人孤児院「孤児たちの家ドム・シュロット」やポーランド人孤児院「僕たちの家ナシュ・ドム」を設立・運営に尽力するとともに，教育学的な著作である『人はいかに子供を愛するのか』を刊行するなど教育者としての活動にも力を注いだ。コルチャックは子どもの福祉と権利を訴え，自らそれを実践していた。ナチスにより，絶滅収容所で子どもたちと悲劇の死を遂げることになるが，コルチャックが考えていた子どもの理想は，コルチャックの死後に，国連で「子どもの権利条約」として実現された。

学びを深めるために

　木附千晶・福田雅章／ DCI 日本＝子どもの権利のための国連 NGO 監修『子どもの力を伸ばす子どもの権利条約ハンドブック』自由国民社，2016 年
　「子どもの権利条約」に規定されている子どもの権利を，愛される権利，自分らしく豊かに大きくなる（成長する）権利，社会の中で大きくなる（成長する）権利，特別な助けを求める権利，等に大別して整理し，各権利について具体例を交えてわかりやすく解説しています。

第 7 章

保育者と多職種との関係

保育者の歴史的発展の経緯

（1）保育所保育における歴史的変遷

1）明治期に誕生した託児所

　わが国で保育制度のことを書いた最初の人物は，佐藤信淵^{のぶひろ}である。江戸末期に保育所や幼稚園のような保育施設を作ることを提唱した彼は，嘉永2（1849）年に「垂統秘録^{すいとうひろく}」を執筆し，貧困家庭の乳幼児を保育する施設である「慈育館^{じいく}」，4歳から7歳までの子どもを遊ばせる施設である「遊児廠^{ゆうじしょう}」について述べている。

　1871（明治4）年，開港間もない横浜で社会問題となっていた混血児の養育と女子教育のため3人の米国婦人宣教師が来日し，「亜米利加婦人教授所（アメリカン・ミッション・ホーム）」が開設された。婦人宣教師たちは，貧困や差別のなかに苦しむ子どもたちを集めて寄宿舎を作り，生活のすべての面倒を見ながら同時に学問を学ばせていた。「子どもの人権を守る」という側面から考えて，このホームが果たした当時の役割は大きく，わが国における子どもの権利と保育の萌芽とも考えられる。

　1872（明治5）年に学制が公布され，全国各地に次々と学校が誕生する時代となり，新しい近代化社会のなかで教育の必要性を感じるひとびとが増えてきていたものの，子どもも家の手伝いをしたり弟妹の子守をしたりして生活が成り立っていた。当時，新潟県で赤沢鍾美とその妻ナカによって営まれていた家塾「新潟静修学校」に附設してつくられたわが国初の託児所が，1890（明治23）年に創設された「静修女学院附設託児所」である。対象となったのは，子守をしながら学校に通う子どもたちの弟妹であり，別室に預かりおやつや遊具を与えたり唱歌を教えたりして保育をしていた。さらに，1908（明治41）年には，「守孤扶独幼稚児保護者会」と称して近所の働く母親の子どもを受け入れて託児をするようになった。その後，子守の女児のための「子守学校」を設置することが各地でみられたが，附設託児所のように広く一般に子どもを預かる事業として展開するまでの発展はなかった。

　また，明治期は，農業とともに産業の発展が著しく女性も含めた工場労働者が多く必要とされた時代でもあったため，農村地や産業化による工場附設の託児所も誕生している。鳥取県で誕生した託児所は，遠方まで耕作にでかけて留守にした家々に就学前の幼児たちが残されている状況を何とかしたいと考えた地主が，尼僧に頼んで子どもたちを預かってもらうことから始まった。その後，1900（明治33）年には，「下味野子供預かり所」という看板が掲げられるようになり農繁期託児所として発展していった。最も古いといわれる工場附設託児所は，1894（明治27）年に東京紡績株式会社の深川工場内につくられた託児所であり，紡績工場以外にもマッチ工場や鉱業所にも附設託児所が作られた。大

正期になると炭鉱も盛んとなり，1917（大正6）年に作られた福岡県の「上山田炭鉱幼児預所」など各地の炭鉱にも附設託児所が作られた。

このように，明治期に誕生した託児所は，時代背景や社会的ニーズなど，その必要性から民間の手によってつくられ発展してきたと言える。

2）公立託児所の誕生

明治期に誕生した託児所が社会事業として公の手によって設立されるようになったのは，大正期に入ってからである。大正期は，産業や資本主義の発展が著しく，労働運動が活発化した時代でもあった。わが国初の公立託児所は，1919（大正8）年に米騒動のときの救済基金をもとに大阪市に作られた鶴町第一託児所，桜営託児所であった。その後，託児所を必要とする地域や家庭の要望にこたえて施設数が増加，京都，名古屋，東京，横浜などの都市部にも公立の保育所が設立されるようになっていった。

東京市では1921（大正10）年から1922（大正11）年にはじめて公立託児所が2ヵ所開設したが，関東大震災で焼失した。しかし，震災直後には，12ヵ所にあらたな託児所がバラックで開設，1927（昭和2）年以降は，これらは，順次鉄筋コンクリート2階建てに改築されていった。なお，東京市では，要保護家庭の子や虚弱児を集めて，秋に約3カ月お寺を借りて転住保育を実施した。

戦後，1948（昭和23）年に児童福祉法が制定され，正式に保育所が「児童福祉施設」という法的な施設として認可された。この時代はまだ保育士ではなく，「保母」という名称が正式名称であり，保母という名称のとおり，保母の資格を所有している人はほとんどが女性であった。

3）保母から保育士へ

1985（昭和60）年に，「男女雇用機会均等法」が制定されたことと，ジェンダーフリーの考え方の普及に伴って男性も保育に携わることが多くなり，男性保母の割合も増加した。これを受けて，男性に対して保母という名称で呼ぶのはふさわしくないという考えから「保父」という名称が生まれて使用された。しかし，職業欄には男性でも保母という記載が必要なこともあり，1999（平成11）年に，男女雇用機会均等法の大幅な改正もあり「保育士」という独占名称が誕生し，性別を問わず「保育士」として保育の場で活躍する人が増加した。

2002（平成14）年まで1,000人未満だった男性保育士が，2005（平成17）年には10倍の15,600人超えとなった。保育士需要の急拡大と保育士資格に性別による制限がなくなったことによって，男性保育士の存在が社会的に認知され注目を集めた結果だという声もある。2003（平成15）年に児童福祉法の改正があり，保育士が国家資格となり定義が変更した。改正前までは，「保育士（保母）資格証明書」を持っていれば児童福祉施設で保育士として就業可能であったこと，また，保育士の資格は政令に定められていたこともあり，資格のない者が保育士を名乗ったとしても罰則規定はなかった。しかし改正後は，業務に

> **保育士**
> 保育士とは，保育所，乳児院，児童養護施設等，児童福祉施設で児童の保育にあたる職員，従来は保母とよばれ女性の職種であった。しかし，1977（昭和52）年，男性にも門戸が開かれ，1998（平成10）年に児童福祉法施行令改正で1999（平成11）年より男女共通名称の保育士となった。（用語の基礎知識 p.353 より引用）

就く前に都道府県知事に対し「登録申請手続き」を行い，「保育士証の交付」
を受けることが必須となり，専門職として保育士の資格及び職務が児童福祉法
という法律に法定化されるとともに，無資格者が保育士を名乗ることが禁止さ
れた。つまり，保育士証を所持しない限り保育士とはみなされず，就業も不可
となることを意味する。専門職としての社会ニーズが高まったことにより，保
育士は専門性の高い職業であるということが示されたと言える。

（2）施設保育における歴史的変遷

1）入所型施設のはじまり

　子どもは一般的に家庭養育されて成長していくが，家庭養育から漏れ落ちる
子どもたち等に対して，国や社会が家庭に成り代わって実施する養護を社会的
養護という。社会的養護は，主に児童福祉法に定められている児童福祉施設
（施設養護）と里親や保護者受託制度の形態をとる家庭的養護に分けられており，
さらに施設養護は，入所型施設と通所・利用型施設に分類される。

　1887（明治20）年，わが国に初めて私設孤児院「岡山孤児院」が創設された。
創設者は，宮崎県に生まれ，岡山医学校在学中に孤児教育会を創設した石井十
次である。十次は，孤児の無制限収容を実践し，1906（明治39）年の東北大飢
饉の際には1,200名を超える児童を受け入れていた。また，収容型の救済だけ
ではなく，里親事業に取り組み，宮崎県茶臼村に里親村を建設した。

　また，石井亮一によって創設された日本で最初の知的障害児施設が，滝野川
学園である。石井は，1890（明治23）年に，ミッションスクールの立教女学院
の教頭に着任したが，翌年，突発した濃尾大震災によって父母を亡くした孤児
の存在にふれ，彼らを引き取り東京府豊島郡滝野川村に家屋を新築して生活を
ともにした。学園は，孤児の女子教育の施設としてスタートしたが，児童のな
かに知的障害をともなうものが2名いたところから，障害児施設に移行されて
いった。

> ### 滝野川学園
> 　滝野川学園とは，石井亮一によって創設された日本で最初の知的障害児施設である。当初，孤児の女子教育施設としてスタートしたが，児童のなかに知的障害を伴う者が2名いたことから，障害児施設に移行された。（用語の基礎知識 p.260より引用）

2）療育施設の設立と療育のはじまり

　障害のある子どもが療育の対象となる過程には，母子保健制度の確立により，
乳幼児の保健衛生に関する社会的な関心が高まり，障害児の早期発見と早期診
断，それに伴う早期治療の流れが加速したことが関連している。

　1955（昭和30）年頃は，沢山の子どもたちが幼稚園に入園するようになった
時期であるが，障害をもつ幼児たちの多くはまだ幼稚園や保育所には受け入れ
てもらえなかった。その背景には，障害のために小学校への入学も猶予や免除
されていたことがある。1957（昭和32）年に児童福祉法が改正されて，精神薄
弱児通園施設が新たに設置されることになった。この施設は，原則として6歳
以上の就学を猶予・免除されていた知的障害児に対して生活指導と専門的な指
導訓練を行うことを目的としていた。また，1963（昭和38）年には，既存の肢

体不自由児施設をそのまま利用して肢体不自由児通園施設が併設されることとなった。1969（昭和44）年には，診療所を併設する形で肢体不自由児通園施設を独立させることとなった。

　このように，障害児の通園施設が各地に設置されていったが，その対象は6歳以上の学齢児が中心であり，就学前の障害幼児は対象ではなかった。しかし，保健所の検診によって障害児と診断された子どもやハイリスク児として指導を必要とされる子どもが増えるにつれてその対応が必要となってきた。

3）幼児を対象とした通所・利用型施設のはじまり

　1968（昭和43）年，神戸市は全国で初めて3歳から5歳までの障害幼児を対象にした通園施設を開設したが，これがきっかけになり通園制の療育施設が各地で開設された。こうして，1972（昭和47）年の「心身障害児通園事業実施要項」の通知により市町村は定員20名程度の障害幼児のための小規模な通園施設の開設を補助することになり，1974（昭和49）年には全国で50ヵ所の通園施設が開設され障害幼児の療育が開始された。また，6歳以上の障害児を対象にしていた通園施設は，1979（昭和54）年の養護学校の義務制が実施されると，定員に余裕が生じたこともあり，通園施設においても療育が盛んに行われるようになった。

4）療育手帳制度の始まり

　1973（昭和48）年9月27日厚生省発児第156号厚生事務次官通知「療育手帳制度について」により「療育手帳制度要綱」が示された。療育手帳のねらいのひとつは，知的障害児及び知的障害者に対して一貫した指導・相談等が行われるようにすることにあり，2つ目のねらいとしては，特別児童扶養手当や国税，地方税の諸控除及減免税，公営住宅の優先入居などの援助措置を受け易くすることであった。これらの援助措置を受ける場合には必ず療育手帳を提示するよう保護者等を指導するとともに，関係機関と十分協議のうえ療育手帳の提示があった時は，療育手帳により資格の確認等を行い，速やかにこれらの援助措置がとられることとなった。手帳の名称は「療育手帳」とするが，別名を併記することはさしつかえなく，療育手帳は施設に入所している場合，在宅の場合の別を問わずすべての知的障害者を対象として交付するものとされた。

2　幼稚園の歴史的発展の経緯

（1）わが国における幼稚園の歴史
1）明治期に誕生した幼稚園

　1872（明治5）年に学制が頒布され，幼稚小学の条文も示された。1875（明治8）年，京都府の柳池小学校に「幼稚遊嬉場」が併設され，学齢前の子どもの年齢を問わず遊ばせながら教師が指導した。

　わが国初期の保育施設で最も注目されたのは，官立の東京女子師範学校に併設された幼稚園である。1876（明治 9）年に東京女子師範学校附属幼稚園が開設，翌年の 1878（明治 11）年に東京女子師範学校に幼稚園保母練習科が附設された。フレーベル式の保姆養成所を卒業したドイツ人松野クララが主席保母となり恩物中心のフレーベルの教育方法を取り入れた。

　1879（明治 12）年に，鹿児島幼稚園，大阪府立師範幼稚園，仙台区に木町通小学校附属幼稚園，和歌山・稚児保育所が開設，翌年の 1880（明治 13）年に，大阪東区に愛珠幼稚園，東京・桜井女学校附属幼稚園（女子学院の前身でキリスト教幼稚園），現存する最古のキリスト教主義幼稚園の英和幼稚園は，1886（明治 19）年にミス・ポートルが一軒の民家を借りて金沢に創立するなど，明治 19 年には約 40 の幼稚園が存在した。また，1887（明治 20）年に A・L・ハウが来日，神戸に頌栄幼稚園と頌栄保母伝習所を創設，フレーベル主義保育を実践するとともにフレーベルの代表的諸著作を次々と訳出し，わが国の保育界にフレーベル精神をひろめた。

　その後，明治後期には，これまでの伝統的な恩物中心の保育に対して幼児の生活や遊びを中心とした新しい試みがみられるようになり，活動がしやすいようにエプロンを着用したり，自発性や創造性を重視したりするなど子ども本位の保育が芽生え始めた時期でもあった。1899（明治 32）年に制定された「幼稚園保育及設備規定」は，わが国の幼児保育の姿を長い期間にわたって支え続けた。たとえば，この規定にみられる恩物を保育の一項目とした考えは，日本人による保育内容の工夫を意思表示した最初のものであった。

　また，幼稚園の普及にともない保母の受容が急増したこともあり，とりわけキリスト教関係諸団体の手により積極的な保母養成が行われ，一般の需要に応じていた。さらに，従来の保育文献がほとんど外国書の翻訳であったのと異なり，保育の実際に当たった人や保育研究者によって，恩物だけではなく遊戯，談話，唱歌など保育全般にわたるものが出版されるようになった。

2）明治後期・大正期の宗教系幼稚園

　幼稚園の原点ともいえるフレーベルのキンダーガルテンは，キリスト教的宗教心を幼児に育てようとしたものであったが，わが国の多くの幼稚園は，恩物を初め保育内容にキリスト教を取り入れなかった。これに対して，米国その他の婦人宣教師たちによって各地に創られた幼稚園は，キリスト教の普及がその目的のひとつとなっていた。キリスト教系幼稚園は，2 年以上の保母養成学校を設立したり，欧米の進歩的な教育方法を導入するなど他の幼稚園と違った特色を発揮したりして，この時期のわが国の幼児保育のかなりの部分を担当することになった。一方，仏教系の幼稚園は，1892（明治 25）年以降に数園開設された。さらに，明治末から大正にかけて教育雑誌や単行本で紹介されたモンテッソーリ教育法は，倉橋惣三が京阪の保育会などで紹介したのをはじめ，河

野清丸が，「モンテッソーリ教育法と其応用」を著わし，神戸幼稚園長の望月くには，全国でもいち早く保育に導入した実証的保育の実践者，東京の玉成幼稚園でも，1916（大正5）年には，モンテッソーリの感覚教具を使用する園児の姿が記録として残されている。

3) 大正期・昭和初期の保育

大正時代の幼稚園は，大正デモクラシーの自由な雰囲気のなかで伸び伸びとした保育が行われた。明治末期に行われた保育内容の自由化により，私立の幼稚園が普及しそれぞれ独自の保育を行っており，大正末年に制定された「幼稚園令」に至った。この時代において，全国の幼稚園に普及したのは，土川五郎によって創作された律動遊戯及び表情遊戯であった。これは，従来の形式的な集団遊戯の型をやぶり，幼児にふさわしくリズム感にあふれていた。また，昭和初期に小林宗作によってダルクローズのリトミックがわが国に導入され，律動遊戯にかわって全国幼稚園界に浸透していった。また，同時代は遊具が豊富になり，ジャングルジムやすべり台が多く作られたり，ヒル積木や箱積木などが保育に使用され始めたりした。ヒル積木とは，米国コロンビア大学所属の進歩主義派で幼児教育者のパティ・ヒルが考案したものであり，フレーベルの恩物が小さすぎるとして筋肉全体を使用できる大きなものに改良した。

1935（昭和10）年，東京女子高等師範学校附属幼稚園では，倉橋惣三を中心として「幼児の生活に出発し，生活に帰着する生活系統としての新しい保育案」を考え，「系統的保育案の実際」が刊行された。これは，全国の幼稚園の保育案作成に大きな影響を与えたものであった。

4) 戦時下の保育から戦後へ

この時期は，国全体が戦争という現象に包まれてしまい，国土が直接戦災を受けていた。幼児保育の場にもこの影響は当然あらわれており，保育の場面にも戦時色が濃くなっていたが，その一方で，女児の絵が花や人形であったり，戦争ごっこもあくまで遊びとして楽しんでいたりする姿もあった。

戦後，1946（昭和21）年頃から再び幼稚園や保育所が復活し，露天保育をする園もあったが，大都市では，幼児が帰ってくるにしたがって園舎が新築されはじめた。

文部省（現文部科学省）は，1948（昭和23）年に保育要領を発行し，1956（昭和31）年に幼稚園教育要領が刊行されるまで保育者によって広く利用された。

1955（昭和30）年頃より幼稚園・保育所が全国に普及し，1964（昭和39）年に発行された「幼稚園教育要領」により，幼児保育の内容が定められたが，わが国の「自由保育」は，長い伝統と歴史を背景として現代の保育に根づいている。

(2) 子ども・子育て関連3法における保育施設の誕生

保育や幼児教育，そして地域の子育て支援を総合的に推進するべく，自民，

公明，民主の3党合意を踏まえ，2012（平成24）年に子ども・子育て関連3法が成立した。すべての子どもや子育て家庭を対象に子育て支援の質や量の拡充を図ることが目的とされ，市町村が，地方版子ども・子育て会議の意見を聴きながら支援事業計画の策定と実施が行われ，2015（平成27）年4月に本格施行された。根拠となる法律は，「就学前の子どもに関する教育，保育等の総合的な提供の推進に関する法律」であり，「第一条　この法律は，わが国における急速な少子化の進行並びに家庭及び地域を取り巻く環境の変化に伴い，小学校就学前の子どもの教育及び保育に対する需要が多様なものとなっていることにかんがみ，地域における創意工夫を生かしつつ，幼稚園及び保育所等における小学校就学前の子どもに対する教育及び保育並びに保護者に対する子育て支援の総合的な提供を推進するための措置を講じ，もって地域において子どもが健やかに育成される環境の整備に資することを目的とする」としている。

　認定こども園には，地域の実情や保護者のニーズに応じて選択が可能となるよう多様なタイプがあり，認定基準を満たす施設は，都道府県等から認定を受けることができる。なお，認定こども園の認定を受けても，幼稚園や保育所等はその位置づけを失うことはないとされている。

　なかでも幼保連携型認定こども園は，教育・保育を一体的に行う施設で，幼稚園と保育所の両方の良さを併せ持っている施設である。内閣総理大臣，文部科学大臣，厚生労働大臣が定める基準に従い，またそれを参考として各都道府県等が条例で定めており，認定基準を満たす施設は，都道府県等から認定を受けることができる。（図表7－1～7－4参照のこと）

図表7－1　認定こども園のタイプ

幼保連携型	幼稚園的機能と保育所的機能の両方の機能をあわせ持つ単一の施設として，認定こども園としての機能を果たすタイプ
幼稚園型	認可幼稚園が，保育が必要な子どものための保育時間を確保するなど，保育所的な機能を備えて認定こども園としての機能を果たすタイプ
保育所型	認可保育所が，保育が必要な子ども以外の子どもも受け入れるなど，幼稚園的な機能を備えることで認定こども園としての機能を果たすタイプ
地方裁量型	幼稚園・保育所いずれの認可もない地域の教育・保育施設が，認定こども園として必要な機能を果たすタイプ

出所）子ども・子育て支援新制度 なるほどBOOK（平成28年4月改訂版）内閣府

図表7－2　認定こども園に関する現況

	幼保連携型	幼稚園型	保育所型	地域裁量型	合計
公立	737	72	327	2	1,138
私立	4,400	1,032	570	68	6,070
合計	5,137	1,104	897	70	7,208

出所）「認定こども園に関する状況について平成31年4月1日現在」内閣府

　認定こども園に関する事務については，内閣府子ども・子育て本部で一元的に対応している。また，学校教育法上に位置づけられている幼稚園については，

図表7−3 「職員資格・学級編制等」

	幼保連携型	幼稚園型	保育所型	地域裁量型
職員資格	・保育教諭を配置。保育教諭は幼稚園教諭の免許状と保育士資格を併有	・満3歳以上：幼稚園教諭と保育士資格の両免許・資格の併有が望ましい。 ・満3歳未満：保育士資格が必要		
学級編成		・満3歳以上の教育時間相当利用時及び教育及び保育時間相当利用時の共通の4時間程度については学級を編制		
教育・保育の内容	・幼保連携型認定こども園教育・保育要領を踏まえて教育・保育を実施（幼稚園型は幼稚園教育要領，保育所型は保育所保育指針に基づくことが前提。） ・小学校における教育との円滑な接続 ・認定こども園として特に配慮すべき事項を考慮			

出所）内閣府ホームページより

図表7−4 認定区分

1号認定	教育標準時間認定・満3歳以上 ⇒ 認定こども園，幼稚園
2号認定	保育認定（標準時間・短時間）・満3歳以上 ⇒ 認定こども園，保育所
3号認定	保育認定（標準時間・短時間）・満3歳未満 ⇒ 認定こども園，保育所，地域型保育
保育を必要とする事由	就労（フルタイムのほか，パートタイム，夜間，居宅内の労働など），妊娠，出産，保護者の疾病，障害，同居又は長期入院等している親族の介護・看護，災害復旧，求職活動（起業準備含む），就学（職業訓練校等における職業訓練を含む，虐待やDVのおそれがあること，育児休暇取得中に，既に保育を利用している子どもがいて継続利用が必要であること，その他，上記に類する状態として市町村が認める場合
保育を必要とする事由や保護者の状況	A 保育標準時間認定 　　最長11時間（フルタイム就労を想定した利用時間） B 保育短時間認定 　　最長8時間（パートタイム就労を想定した利用時間）

出所）内閣府ホームページより

文部科学省，児童福祉法上に位置づけられている保育所について厚生労働省と各種法体系の連携を図っている。なお，都道府県や市町村の行政窓口は，「就学前の子どもに関する教育，保育等の総合的な提供の推進に関する法律」において，地方自治体の関係機関の連携協力が義務づけられている。

3 地域社会における保育者の役割

（1）保育所の役割と社会的責任

　わが国においては，就学前の乳幼児を対象とする保育施設に従事する専門職として保育者という存在が欠かせない。保育所とは，保育を必要とする子どもを預かる児童福祉施設であり，保育士とは，児童福祉法第18条の4の規定に基づく独占名称の専門職である。そして，保育所保育指針とは，児童福祉施設の設備及び運営に関する基準第35条の規定に基づいて，保育所における保育の内容に関する事項やこれに関連する運営に関する事項を定めたものである。各保育所は，この指針に規定される保育の内容に関する基本原則の事項などを踏まえて，その保育所の実情に応じて創意工夫を図ったり，保育所の機能や質の向上に努めたりすることが必要となっている。第1章総則には，保育所の役割や社会的責任が示されている。（図表7−5）

> **保育所保育指針**
> 厚生省（現厚生労働省）児童家庭局が1965（昭和40）年に作成した保育所における保育内容の指針である。保育所における保育内容の一層の充実を図る目的で通知された。（用語の基礎知識 p.354 より引用）

地域子育て支援センター事業
保育所のもつノウハウを活用して子育て家庭に対する育児不安等についての相談指導や子育てサークル等への支援，ならびに地域の保育ニーズに応じ特別保育事業を積極的に実施する事業。（用語の基礎知識 p.267 より引用）

図表７－５　保育所の役割と社会的責任

第１章　総則
1　保育所保育に関する基本原則
(1)　保育所の役割
ア　保育所は，児童福祉法（昭和 22 年法律第 164 号）第 39 条の規定に基づき，保育を必要とする子どもの保育を行い，その健全な心身の発達を図ることを目的とする児童福祉施設であり，入所する子どもの最善の利益を考慮し，その福祉を積極的に増進することに最もふさわしい生活の場でなければならない。
イ　保育所は，その目的を達成するために，保育に関する専門性を有する職員が，家庭との緊密な連携の下に，子どもの状況や発達過程を踏まえ，保育所における環境を通して，養護及び教育を一体的に行うことを特性としている。
ウ　保育所は，入所する子どもを保育するとともに，家庭や地域の様々な社会資源との連携を図りながら，入所する子どもの保護者に対する支援及び地域の子育て家庭に対する支援等を行う役割を担うものである。
エ　保育所における保育士は，児童福祉法第 18 条の 4 の規定を踏まえ，保育所の役割及び機能が適切に発揮されるように，倫理観に裏付けられた専門的知識，技術及び判断をもって，子どもを保育するとともに，子どもの保護者に対する保育に関する指導を行うものであり，その職責を遂行するための専門性の向上に絶えず努めなければならない。

(5)　保育所の社会的責任
ア　保育所は，子どもの人権に十分配慮するとともに，子ども一人一人の人格を尊重して保育を行わなければならない。
イ　保育所は，地域社会との交流や連携を図り，保護者や地域社会に，当該保育所が行う保育の内容を適切に説明するよう努めなければならない。
ウ　保育所は，入所する子ども等の個人情報を適切に取り扱うとともに，保護者の苦情などに対し，その解決を図るよう努めなければならない。

このように，保育所は，その役割と社会的責任を果たし，子育て支援の充実や保育ニーズにこたえ，地域子育て支援センター事業にも積極的に取り組んでいる。さらに，第５章「職員の資質向上」には，保育士の専門性を向上させることや保育の質を向上させるために必要な組織的取り組みを行うこと，加えて施設長自身もその責務や専門性を向上させる必要があることが記載されている。そのために，内部研修・外部研修参加の必要性や保育士のキャリアパスを見据えた研修計画を作成する等の明記がある。これらをもとに，保育士等に対する研修内容や研修の実施方法について，「保育士等キャリアアップ研修ガイドライン」が定められ，（平成 29 年 4 月 1 日付け雇児保発 0401 第 1 号厚生労働省雇用均等・児童家庭局保育課長通知），各保育所ではこのガイドラインに基づいて外部研修を活用していくことが期待されている。

保育ニーズ
昨今の保育ニーズの多様化にともない，保育所・幼稚園もこれに応える必要が生まれている。保育ニーズとして，乳児保育・保育時間の延長・夜間保育・休日保育・産休明けからの保育・一時保育・特別な支援を必要とする子どもの保育などがある。（用語の基礎知識 p.355 より引用）

(2) 幼稚園における幼稚園教諭の役割

幼稚園とは，学校教育法に基づき，満３歳から小学校就学前の幼児を対象とし，環境を通して保育する学校として位置づけられている。幼稚園教育要領とは，文部科学大臣が定めた幼稚園教育等の国の基準であり，幼稚園教育要領には，教師の役割が明確化している。（図表７－６）

(3) 幼保連携型認定こども園における保育教諭の役割

幼保連携型認定こども園とは，小学校就学の始期に達するまでの子どもを入園させて教育及び保育を行う学校及び児童福祉施設であり，認定こども園法第

図表7-6 幼稚園における教師の役割

5 教師の役割
幼稚園における人的環境が果たす役割は極めて大きい。幼稚園の中の人的環境とは，担任の教師だけでなく，周りの教師や友達全てを指し，それぞれが重要な環境となる。特に，幼稚園教育が環境を通して行う教育であるという点において，教師の担う役割は大きい。一人一人の幼児に対する理解に基づき，環境を計画的に構成し，幼児の主体的な活動を直接援助すると同時に，教師自らも幼児にとって重要な環境の一つであることをまず念頭に置く必要がある。また，幼稚園は，多数の同年代の幼児が集団生活を営む場であり，幼児一人一人が集団生活の中で主体的に活動に取り組むことができるよう，教師全員が協力して指導にあたることが必要である。
① 幼児の主体的な活動と教師の役割
② 集団生活と教師の役割
③ 教師間の協力体制

図表7-7 幼保連携型認定こども園における教育及び保育の目的及び目標

認定こども園法（平成18年法律第77号）
第2条 7 この法律において「幼保連携型認定こども園」とは，義務教育及びその後の教育の基礎を培うものとしての満三歳以上の子どもに対する教育並びに保育を必要とする子どもに対する保育を一体的に行い，これらの子どもの健やかな成長が図られるよう適当な環境を与えて，その心身の発達を助長するとともに，保護者に対する子育ての支援を行うことを目的として，この法律の定めるところにより設置される施設をいう。

第9条 幼保連携型認定こども園においては，第二条第七項に規定する目的を実現するため，子どもに対する学校としての教育及び児童福祉施設（児童福祉法第七条第一項に規定する児童福祉施設をいう。次条第二項において同じ。）としての保育並びにその実施する保護者に対する子育て支援事業の相互の有機的な連携を図りつつ，次に掲げる目標を達成するよう当該教育及び当該保育を行うものとする。
一 健康，安全で幸福な生活のために必要な基本的な習慣を養い，身体諸機能の調和的発達を図ること。
二 集団生活を通じて，喜んでこれに参加する態度を養うとともに家族や身近な人への信頼感を深め，自主，自律及び協同の精神並びに規範意識の芽生えを養うこと。
三 身近な社会生活，生命及び自然に対する興味を養い，それらに対する正しい理解と態度及び思考力の芽生えを養うこと。
四 日常の会話や，絵本，童話等に親しむことを通じて，言葉の使い方を正しく導くとともに，相手の話を理解しようとする態度を養うこと。
五 音楽，身体による表現，造形等に親しむことを通じて，豊かな感性と表現力の芽生えを養うこと。
六 快適な生活環境の実現及び子どもと保育教諭その他の職員との信頼関係の構築を通じて，心身の健康の確保及び増進を図ること。

2条及び第9条によって教育及び保育の目的及び目標が示されている。（図表7－7）

また，幼保連携型認定こども園教育・保育要領 第1章第2節2（3）指導計画の作成上の留意事項には，⑧保育教諭等の役割及び⑨幼保連携型認定こども園全体の保育教諭等による協力体制が示され，保育教諭等の主な役割として，

図表7-8 保育教諭の役割

⑧ 保育教諭等の役割
ク 園児の主体的な活動を促すためには，保育教諭等が多様な関わりをもつことが重要であることを踏まえ，保育教諭等は，理解者，共同作業者など様々な役割を果たし，園児の情緒の安定や発達に必要な豊かな体験 が得られるよう，活動の場面に応じて，園児の人権や園児一人一人の個 人差等に配慮した適切な指導を行うようにすること。

⑨ 幼保連携型認定こども園全体の保育教諭等による協力体制
ケ 園児の行う活動は，個人，グループ，学級全体などで多様に展開されるものであることを踏まえ，幼保連携型認定こども園全体の職員による 協力体制を作りながら，園児一人一人が興味や欲求を十分に満足させるよう適切な援助を行うようにすること。

園児が行っている活動の理解者としての役割であることや園児との共同作業者，園児と共鳴する者としての役割が解説とともに明記されている。（図表 7 − 8）

4　地域社会における保育者と多職種との関係

　子ども・子育て支援制度とは，2012（平成 24）年 8 月に成立した「子ども・子育て支援法」，「認定こども園法の一部改正」，「子ども・子育て支援法及び認定こども園法の一部改正法の施行に伴う関係法律の整備等に関する法律」の子ども・子育て関連 3 法に基づく制度のことをいう。施設型給付の枠組みとして位置づけられている認定こども園，幼稚園，保育所と同じように，市町村主体の事業として地域型保育給付の枠組みとして，小規模保育・家庭的保育・事業所内保育・居宅訪問型保育がある。

　地域型保育とは，保育所（原則 20 人以上）より少人数の単位で，0 〜 2 歳の子どもを保育する事業である。利用時間は，夕方までの保育のほか，園により延長保育を実施している。利用できる保護者は，共働き世帯や親族の介護などの事情で，家庭で保育のできない保護者である。地域型保育では，保育内容の支援や卒園後の受け皿の役割を担う連携施設として保育所・幼稚園・認定こども園が設定される。

図表 7 − 9　地域型保育事業の概要

小規模保育	少人数（定員 6 〜 19 人）を対象に，家庭的な雰囲気のもと，きめ細かな保育を行う。
家庭的保育	家庭的な雰囲気のもとで，少人数（定員 5 人以下）を対象にきめ細かな保育を行う。
事業所内保育	事業内保育は，企業の事業所の保育施設などで，従業員の子どもと地域の子どもを一緒に保育する。
居宅訪問型保育	障害，疾患などで個別のケアが必要な場合で，施設が無くなった地域で保育を維持する必要がある場合などに，保護者の自宅にて，1 対 1 で保育を行う。

出所）子ども・子育て支援新制度 なるほど BOOK（平成 28 年 4 月改訂版）内閣府

参考文献

日本保育学会編『写真集 幼児保育百年の歩み』ぎょうせい，1981 年

小林恵子『日本の幼児保育につくした宣教師〈上巻〉』キリスト教新聞社，2003 年

柴崎正行『わが国における障害幼児の教育と療育に関する歴史的変遷について』東京家政大学研究紀要 第 42 集（1），2002 年，pp.101-105

厚生労働省『保育所保育指針解説』フレーベル館，2018 年

文部科学省『幼稚園教育要領解説書』フレーベル館，2018 年

内閣府・文部科学省・厚生労働省『幼保連携型こども園教育・保育要領解説』フレーベル館，2018 年

成清美治・川島典子編著『地域福祉の理論と方法』学文社，2013 年

成清美治・加納光子編集代表『現代社会福祉用語の基礎知識』【第 13 版】学文社，2019 年

OECD 編著　秋田喜代美・阿部真美子・一見真理子・門田理世・北村友人・鈴木正敏・星三和子訳『OECD 保育の質向上白書　人生の始まりこそ力強く：ECEC

のツールボックス』明石書店，2019 年
柴崎正行・安齊智子『歴史からみる日本の子育て』フレーベル館，2005 年

プロムナード

　皆さんは，「保育の質」をどのように考えておられるでしょうか。経済協力開発機構（OECD）とは，民主主義を原則とする 36 カ国の先進諸国が集まる唯一の国際機関であり，グローバル化の時代にあって経済，社会，環境の諸問題に取り組んでいます。また，情報経済や高齢化等の新しい課題に対しても先頭になって取り組み，各国政府のこれらの新たな状況への対応を支援するとともに共通の課題に対する解決策を模索しながら実績を明らかにするなど国内および国際政策の調和を実現する場を提供しています。
　これまでの報告書には，OECD 諸国における国際比較調査をもとに，乳幼児期の教育とケア（ECEC）が示されてきましたが，ECEC における「質」とは，人によって意味するものが異なる可能性があり，それこそ，さまざまなレベルで定義することもできるとしています。『OECD 保育の質向上白書』によると，保育の質の定義は，政策に基づく分析可能な特質の範囲内で枠付けられており，政策レバー 1（質の目標と規制の設定），政策レバー 2（カリキュラムと学習基準のデザインと実施），政策レバー 3（資格，養成・研修，労働条件の改善），政策レバー 4（家庭と地域社会の関与），政策レバー 5（データ収集，調査研究，モニタリングの推進）の 5 つを提案しています。もちろん，国によって政策の発展・実施段階への焦点の当て方が異なり，質の向上のための道筋や明確な制作アクションを提案するには根拠が不足しているため，推奨されるのは，研究の概要から政策を示す意味を自国の状況に照らして解釈を進め，他国の事例が自国に移し換えられるかあるいは応用できるかを考えて視野を広げることが求められています。

出所）OECD 編著 秋田喜代美・阿部真美子・一見真理子・門田理世・北村友人・鈴木正敏・星三和子訳『OECD 保育の質向上白書　人生の始まりこそ力強く：ECEC のツールボックス』明石書店，2019 年

学びを深めるために

柴崎正行・安齊智子『歴史からみる日本の子育て』フレーベル館，2005 年
　本書では，家族と子どもの生活や家庭における育児の方法，子どものしつけと教育，そして，子どもの医療と療育が取り上げられており，子育てに関わるさまざまな問題が日本の時代背景とともに現れています。

第 **8** 章

社会福祉における相談援助

1　相談援助の理論

(1) なぜ相談援助に理論が必要なのか

　相談援助を行うということは，困りごとがあるクライエントと，そのサポートをしようとしているソーシャルワーカー（以下，ワーカー）が存在していることが前提である。たとえば，「障害のある子どもの育児の不安」という困りごとのある親がクライエントであり，保育者がワーカーであると考えてみよう。障害のある子どもを育てていて「育児の不安」をまったく感じない親はいないといっても過言ではない。

　この「障害のある子どもの育児の不安」は，このクライエントだけの固有性を有した課題であると同時に，障害のある子どもを育てる親みんなの普遍的な課題でもある。そして，過去に「障害のある子どもの育児の不安」を改善するために社会運動を行ってきたクライエントとワーカー，研究者などは多数おり，彼らの努力によって蓄積されてきたものが相談援助の実践知であり，相談援助の理論なのである。

　社会福祉を学ぶわれわれは，先人の実践と研究の積み重ねから生まれた相談援助の理論を真摯に学ぶことが求められる。それは，試験のために暗記する知識ではなく，目の前のクライエントが幸せになるようサポートするために必要な知識であり，社会的包摂（ソーシャル・インクルージョン：social inclusion）を促進するための力となる知識である。

　そして，修得した相談援助の理論を現代社会の特性を踏まえて応用し，さらに実践と研究を積み重ねることが重要である。

> **社会的包摂（ソーシャル・インクルージョン）**
> 社会的なつながりから疎外されたひとびとを，社会のなかに包み込むこと。社会的排除の対義語。

(2) 代表的なアプローチ

　相談援助にはさまざまなアプローチがあるが，代表的なアプローチとして以下の3つを解説する。

1) 心理・社会的アプローチ

　心理・社会的アプローチは，ジークムント・フロイト（Freud, S.）の精神分析学を基礎理論とし，その後アンナ・フロイト（Freud, A.）による自我心理学，ミード（Mead, G, H.）による役割理論などの影響を受けながら，ホリス（Hollis, F.）によって提唱された。ソーシャルワークとしては，リッチモンド（Richmond, M.）を源流とする診断主義派からつづく伝統的なアプローチである。

　心理・社会的アプローチでは，クライエント個人の内面やその家族関係に課題の本質があると考える。したがって，ワーカーとクライエントのコミュニケーションを通じてクライエントのパーソナリティの変容を図ることが重視され，同時にクライエントが置かれている状況を改善することも目指す。

　対象や課題の内容に限定されることは少なく，広範囲な実践に適応すること

が可能である。たとえば，依存症などの課題をもつ個人を対象とする場合では，面接のなかでクライエントの生育過程をふりかえり，自らの行動傾向や他者との関係に関するパターンへの気づきを促すことで，クライエントの行動変容やパーソナリティの発達を図るアプローチである。このように，家族関係の課題や精神医学的課題がある個人に対して有効であると考えられている。

一方で，専門家という強い立場であるワーカーが弱い立場にあるクライエントの思いを気に留めず，良かれと思って主導してしまうパターナリズムには特に注意が必要である。さらに，社会的要因への働きかけが弱いことや，長期間の支援が想定されること，そもそも言語的コミュニケーションに支障がある場合は適応しないという指摘もある。

2) ストレングスモデルのケアマネジメント

ケアマネジメントは，1970年代のアメリカで生まれたケースマネジメントが起源である。当時，精神科病院に入院する必要性が無いにもかかわらず入院を継続しているという社会的入院が問題視された。そして，患者が地域で生活していくため，社会資源を効果的かつ効率的に活用できるように調整し，クライエントのニーズに合わせて提供するという手法として開発されたのである。また，ストレングスモデル (strengths model) はクライエントの欠陥の改善を目指す医学モデルへの批判として1980年代後半から提唱され，人は誰しも"強さ"（ストレングス：strengths）と"弱さ"（ウィークネス：weaknesses）を併せ持っているという価値観に立脚している。つまり，クライエントのウィークネスだけではなくストレングスにも着目し，社会的に不利な状況に置かれているクライエントが問題状況に対して自ら打ち克っていくことを支える実践モデルである。ストレングスモデルのケアマネジメントは，高齢者福祉，障害者福祉，子ども家庭福祉，司法福祉などさまざまな分野の実践モデルの主流として定着している。

ストレングスモデルのケアマネジメントでは，人と環境の接触面（インターフェイス：interface）に課題の本質があると考える。したがって，個人のストレングスとウィークネス，環境のストレングスとウィークネスを把握して，その適合状態を高めることを目指す。

対象や課題の内容に限定されることはなく，広範囲な実践に適応することが可能である。たとえば，障害児の暮らしを支える場合，クライエント本人である子どもとその家族のニーズに合わせて「児童発達支援」や「保育所等訪問支援」などの社会資源を組み合わせ，実行し，その効果としてストレングスの強化とウィークネスの改善を検証し，必要に応じて計画を修正する。つまり，計画（Planning）→実行（Do）→評価（Check）→改善（Action）という PDCA サイクルに基づいて展開される。そして，個人の暮らしを支える過程で明らかになった社会資源の不足や社会的排除（ソーシャルエクスクルージョン：social

> **社会的排除（ソーシャルエクスクルージョン）**
> 1980年代に，外国籍の労働者を排除する運動がヨーロッパで社会的問題になったことに由来する言葉。現在は，広く社会的なつながりから疎外される意味で用いられる。

exclusion）などの地域社会の課題の改善を目指すこと，さらに制度・政策の改善を目指した提言へ展開するアプローチである。このように，支援の効果を明らかにし，個別のケースから地域や社会全体に向けた取り組みにまでつなげる特徴があると考えられている。

　一方で，社会資源を効果的かつ効率的に活用するための行政プロジェクトから発展してきたという歴史的観点から，ケアマネジメントはソーシャルワークと異なる方法であるという指摘もある。

3）エンパワメント・アプローチ

　エンパワメント・アプローチは，ソロモン（Solomon, B.）が 1950 年代から 1960 年代にかけて行ったアフリカ系アメリカ人の公民権運動との関わりから，1976 年の著作でエンパワメントを定義したことによって始まった。エンパワメント・アプローチが登場した背景には，客観性や科学的合理性を重視する実証主義の限界を指摘し，主観性や実存を重視した脱近代主義（ポストモダニズム：post modernism）の影響がみられる。新興のアプローチである一方で，社会における不平等や不正義に着目し，社会改革を目指しているという点では，ソーシャルワークの起源であるセツルメント運動から通底している手法であるともいえる。

　エンパワメント・アプローチは，社会や文化に課題の本質があると考える。したがって，社会的抑圧によって力を弱めた「パワーレスな状態」から，クライエントが自分自身を信じ，やればできるという感覚を高める。そして，クライエントが自らの権利を主張するパワーを身に着け，実際に行動する。その結果として，これまでクライエントを抑圧していた社会や文化の改革を目指す。

　対象となるのは社会的に抑圧されている個人や集団である。たとえば，社会的少数派である性的マイノリティ（minority）であるクライエントが，社会的多数派であるマジョリティ（majority）からの社会的抑圧を受けて社会に対する不信感を募らせ，自己嫌悪とあきらめの気持ちに苛まれて真の自分を隠し続けている「パワーレスな状態」であったとすると，ワーカーは面接を通してクライエントの気持ちに寄り添い，これまでに感じてきた生きづらさを受容することで，クライエントが課題に向き合うためのパワーの回復を図る。そして，当事者同士で支えあうセルフ・ヘルプグループ（Self-help-group）に参加することで，真の自分を自分自身が受け入れ，他者からも承認されることによって，クライエントが課題に働きかけるためのパワーを高める。これにより，性的マイノリティである自分たちにも人間として当たり前の幸福を追求する権利があるという，自分自身の権利擁護を図るセルフ・アドボカシー（Self-advocacy）の力を発揮する。そして，クライエント自身が多様性を尊重する社会の実現に向けて，市民の意識を喚起するなどのソーシャル・アクション（social action）を行うといったプロセスが考えられる。ただし，エンパワメント・アプローチ

実存
　現実存在，すなわち今ここに存在しているということ。

セツルメント運動
　貧困な状態にあるひとびとが居住する地域に住み込み，住民と親しくふれあってその生活の向上に努める社会運動のこと。

の展開過程や技法が標準化されているわけではないため，既存の面接技術やグループワークの技術などを用いることとなる。また，実際の支援を通してセルフ・アドボカシーやソーシャル・アクションにまで至るクライエントは少ないかもしれないが，ワーカーはあくまで社会の変革を目指して支援することが重要である。

一方で，ワーカーがクライエントのパワーを高めようとする時点で，ワーカーのほうがパワーを持ち，その結果クライエントはよりパワーを失うといった矛盾を意味する「エンパワメントのパラドクス」という指摘もある。

以上のように3つのアプローチを解説したが，実際の支援においてはどれかひとつのアプローチを厳格に守ろうとするのではなく，必要に応じて組み合わせるなど，応用することが重要である。理論を検証するために実践があるのではなく，よりよい実践のために理論があることを忘れてはならない。

2 相談援助の意義と原則

（1）ソーシャルワークのグローバル定義

相談援助にはどのような意義があるのか，ソーシャルワークの世界的な定義である，ソーシャルワークのグローバル定義を紐解くことによって検討する。

現在のソーシャルワークのグローバル定義は，2014年7月メルボルンにおける国際ソーシャルワーカー連盟（IFSW）総会及び国際ソーシャルワーク学校連盟（IASSW）総会において採択された。日本語定義の作業は社会福祉専門職団体協議会と日本社会福祉教育学校連盟が協働で行った。下記の定義は，2015年2月に，IFSWとしては日本語訳，IASSWは日本語定義として決定したものである[1]。

ソーシャルワークは，社会変革と社会開発，社会的結束，および人々のエンパワメントと解放を促進する，実践に基づいた専門職であり学問である。

社会正義，人権，集団的責任，および多様性尊重の諸原理は，ソーシャルワークの中核をなす。

ソーシャルワークの理論，社会科学，人文学および地域・民族固有の知を基盤として，ソーシャルワークは，生活課題に取り組みウェルビーイングを高めるよう，人々やさまざまな構造に働きかける。

この定義は，各国および世界の各地域で展開してもよい。

上記の定義を読み解くために「社会正義」「人権」「集団的責任」「多様性」「エンパワメント」「ウェルビーイング」という6つの言葉について，その内容を検討する。

　「社会正義」はさまざまな哲学者によって議論されており，その一つひとつには相違があり，対立さえしている。ソーシャルワーカーに最も影響を与えたと思われる政治哲学者のロールズ（Rawls, J.）は，著書である『正義論』において，他人の自由を侵害しなければ誰もが最大限の自由を持つという第1原理と，平等な条件で競争した結果，より多く得た富を社会の最も不遇な人のために再分配するという第2原理からなる「正義の二原理」を提唱した[2]。その一方で，クライエントを支援する資源のなかには配分という概念に馴染まない非物質的なものが含まれていること。また，ロールズは正義を公的な領域に限定しており，ドメスティック・バイオレンス（Domestic Violence：DV）や虐待など，家族や人間関係レベルで生じる非正義を顧みないことになるという批判もある。ソーシャルワークの援助には完全な正解があるわけではなく，クライエントとともに探究する実践といえるであろう。そのため，社会正義に反した判断をしていないか，自ら問い続けることが重要である。

　「人権」とは，人であるということだけでかけがえのない尊い存在であるということを認めることであり，すべての人が享有する権利のことである。そして人権には，すべての人がいつでもどこでも同じように持っているという人権の普遍性，誰かに奪われたり譲り渡すことはできないという人権の不可譲性，人権を細かく分けて優劣をつけることはできないという人権の不可分性という特徴がある。そして，ソーシャルワークはクライエントの人権を尊重し，保障する実践である。

　「集団的責任」とは，互いに支えあい環境と共生するために責任を持つことである。その背景には，富の極大化を追求する利己主義への批判があり，持続可能な発展のためには集団的責任が必要であると考えられている。つまり，個人というミクロレベルの幸福と，社会全体というマクロレベルの幸福は相互に影響しているのである。

　「多様性」とは，一般的には，「いろいろ異なるさま。異なるものの多いさま」という意味であるが，これまでの日本のソーシャルワークにおいては，後述するバイステックの個別化の原則を通して理解されてきた。グローバル化が進展している現在は，さらに多様な価値観や文化を尊重し合って共生する「多文化対応力」すなわち「カルチュラル・コンピテンス（Cultural Competence）」として，理解を深めることが求められる。

　「エンパワメント」とは，社会的抑圧によって弱められた「ディスエンパワメント」の状態から，問題を生み出す環境に対して自ら改善していくことで力を強めることである。ソーシャルワーカーは調整者として関与し，利用者が主体的に取り組むことができるよう協働する。

　「ウェルビーイング」とは，1946年に世界保健機関（World Health Organization：WHO）の草案のなかで初めて登場した語であり，「良好な状態」や「福利」と

訳されている[3]。ソーシャルワークにおいては，一部の不幸な人が利用するという選別主義的な福祉であるウエルフェアと対比して，誰もが利用する普遍主義的な福祉として用いられることが多い。

　以上の検討をもって，ソーシャルワークには個人の問題解決というミクロな視点と同時に社会変革や社会開発というマクロな視点が求められていることが解る。そして，人権や社会正義という普遍性を堅持すると同時に，集団的責任を自覚しながら多様性を尊重することが求められている。これらを踏まえたうえで，生活課題に取り組みウェルビーイングを高めるよう，ひとびとやさまざまな構造に働きかけることがソーシャルワークである。

　相談援助とは，ソーシャルワークを展開するための方法である。したがって，相談援助には，社会正義，人権，集団的責任，および多様性の尊重を中核として，ひとびとのウェルビーイングを高めるという意義がある。

(2) バイステックの原則

　相談援助の原則については，代表的なものとしてバイステックの原則があげられる。このバイステックの原則は，アメリカのソーシャルワーカーであるバイステック (Biestek, F. P.) が1959年に刊行した『The Casework Relationship』において提唱した7つの原則である。このバイステックの原則を『ケースワークの原則〔新訳改訂版〕—援助関係を形成する技法』を参考に紐解くことで，相談援助の原則について検討する[4]。

1) クライエントを個人として理解する（個別化）

　「事例」という典型例として捉えるのではなく，一人の個人として迎えること。そして，クライエントの持っている能力を有効に活用しようとすることで，クライエントが個人として対応されていると実感することにもつながる。

2) クライエントの感情表現を促す（意図的な感情の表出）

　人は理性的な存在であると同時に，感情や衝動も併せ持つ存在である。社会生活を営む上で調和した情緒を維持することは重要であるが，相談援助の場面では肯定的な感情も，否定的な感情も表現される必要性がある。クライエントがワーカーと経験を分かち合いたい感じ，その感情表現を大切にすることが重要である。

3) ワーカーは自分の感情を自覚して吟味する（統制された情緒的関与）

　クライエントは自らの感情表現に対して，ワーカーからの共感を得たいと感じている。したがって，冷静に反応するわけではなく，そうかといって単に同調するわけでもない。クライエントから表出された内容に対して，ワーカーである自分自身はどのような感情を抱いているのか，自覚して吟味する必要がある。そして，有効な支援となるよう合理的かつ情緒的に反応することが重要で

ある。

4）クライエントのありのままを受けとめる（受容）

　人は弱さや欠点を持っていたとしても，一人の価値ある人間として受け入れられたいと望んでいる。したがって，ワーカーはクライエントのありのままの現実を受けとめることが重要である。ただし，これはクライエントの逸脱した行為や行動を容認することではない。あくまで，ありのままの現状を受けとめることであって，ワーカーはその先にクライエント自身が逸脱した行為や行動に向き合い，改善に向けて取り組むという見通しを持っている必要がある。

5）ワーカーはクライエントを一方的に非難しない（非審判的態度）

　クライエント自身が支援の必要性を自覚している場合は，ボランタリー・クライエントと呼び，支援の必要性を自覚していない場合をインボランタリー・クライエントと呼ぶ。ボランタリー・クライエントであっても，自分は取るに足りない情けない存在であり，非難されるのではないかという恐れを抱いていることが多い。インボランタリー・クライエントに至っては，ワーカーを迫害者と認識している状態から支援を開始することになる。

　ワーカーは，やって良いこと悪いことという社会的規範を保っていることが前提でありながらも，非難されないという安心感をクライエントが持てるよう，言語的にも非言語的にも発信し続けることが重要である。

6）ワーカーはクライエントの自己決定を促して尊重する（クライエントの自己決定）

　クライエントが自らの課題に向き合い，自己決定する権利を保障することが重要である。ただし，これは単にワーカーが考えうる選択肢を示して，クライエントによる決定を求めるということではない。ワーカーが専門職として必要と考えることを一方的に指示することがないよう留意しつつ，課題の改善への見通しをクライエントに示して，ワーカーとクライエントとの十分な話し合いのなかで，クライエント自身の自己決定能力が発揮されるようサポートすることが重要である。

7）ワーカーはクライエントの秘密を守り信頼感を醸成する（秘密保持）

　相談援助においては，人には話したくないことや，知られたくないことが課題の改善のためには重要であることが多い。そのため，徐々に語られることの秘密を保持することで信頼感を醸成することにつながる。一方，クライエントの情報が漏えいされる事態が生じた場合は，援助関係の崩壊のみならずクライエントに多大な心理的ダメージを与え，課題はより深刻な状態となることさえありうる。秘密保持は必須の原則であり，情報漏えいには細心の注意を払うことが重要である。

　以上の7原則が，日本の相談援助の実践原則として定着している。特筆すべ

きは，相談援助の核となる「援助関係の形成」を重視しており，そのための実践原則としている点である。「援助関係」とは，信頼関係とパートナーシップに基づき，相談援助の場だけで活用される特殊な関係である。そして，ワーカーがクライエントを変化させるという一方的な関係ではなく，ワーカーとクライエントがともに変化を繰り返していく循環的関係である。

3　相談援助の対象と過程

(1) 相談援助の対象
　相談援助の対象を，ミクロレベル・メゾレベル・マクロレベルの3段階に区分して解説する。

1) ミクロ・ソーシャルワーク
　ミクロ・ソーシャルワークでは，個人やひとつの家族を対象とする。ワーカーはクライエントが課題に向き合えるように力を添えることや，社会資源を結びつけるなどの働きかけを行う。
　たとえば，生活困窮者の個別支援が該当する。

2) メゾ・ソーシャルワーク
　メゾ・ソーシャルワークでは，集団や地域を対象とする。ワーカーは集団の発展のために教育を担うことや，ネットワークを構築するなどの働きかけを行う。
　たとえば，地域住民の互助を促進する小地域ネットワーク活動が該当する。

3) マクロ・ソーシャルワーク
　マクロ・ソーシャルワークでは，社会全体を対象とする。ワーカーは調査や計画を介して制度や政策の発展を調整し，さらに社会的な課題を明らかにすることで市民の意欲を喚起して社会的な変化を進めるなどの働きかけを行う。
　たとえば，職能団体として行う全国調査と政策提言が該当する。

　上記のように3段階に区分して解説したが，これらは明確に区分されているわけではなく，ミクロとメゾ，メゾとマクロは重複していると考えられている。

(2) 相談援助の過程
　相談援助は過程として展開されるが，その過程についてはアプローチによってさまざまな分類がなされている。本書においては，白澤によるストレングスモデルのケアマネジメントを用いた場合を例に，入口→アセスメント（assessment）→ケース目標の設定とケアプランの作成→ケアプランの実施→クライエント及びケア提供状況についてのモニタリング（monitoring）及びフォローアップ（follow up）→再アセスメント→終結という7つの局面として解説

図表8－1　ケアマネジメントの展開過程

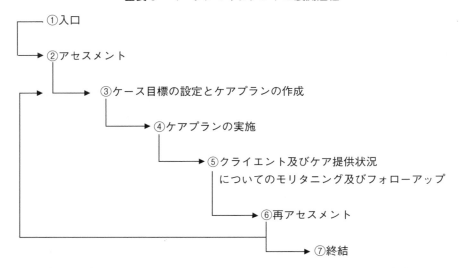

出所）白澤政和『ケースマネージメントの理論と実際：生活を支える援助システム』中央法規，1992年，p.17 を一部改変

する[5]。

1）入　口

　入口は，ケースの発見・スクリーニング（screening）・インテーク（intake）から構成されており，必要に応じてリファーラル（referral）も行う。

　まず，ケースの発見は，クライエントが自ら相談機関を訪れる場合と，民生委員などからの情報提供により発見する場合，さらにワーカー自らが地域に出向いて潜在的なクライエントを福祉サービスにつなげるアウトリーチ（outreach）の3通りがある。自ら支援の必要性を自覚して相談機関を訪れることができるボランタリー・クライエントに比べて，支援の必要性を自覚していないインボランタリー・クライエントはより深刻な状態に陥っていることが多いため，早期発見・早期対応することが重要である。次に，スクリーニングでは，クライエントが自覚している困りごとである主訴を傾聴し，「援助関係」の形成を目指すと同時に，ワーカーが所属している機関で対応することが適切なケースであるのか判断する。適切であると判断する場合は，この相談機関で相談援助を受けることの了解をクライエントから得るインテークに進む。その際，アセスメントではプライバシーに関わる多くのことを尋ねるが，ワーカーには守秘義務があるためクライエントの了解なしに情報を漏らさないことを説明し，同意を得ることが必須である。一方，他の機関で対応することが適切であると判断した場合は，クライエントの同意を得たうえで適切な機関へつなぐリファーラルを行う。

　たとえば，認定こども園の園庭解放の際に地域の保護者から「子育て相談」を受けることは事業の目的に合致しているが，主訴を傾聴する過程で課題の本

質には「経済的困窮」があると判断した場合，「子育て相談」に加えて「生活困窮者自立支援制度」や「生活保護制度」につなぐため，自治体の窓口へリファーラルすることが考えられる。また，市町村によっては独自の子育て支援登録制度を行っており，その未登録家庭に対して家庭訪問を行うアウトリーチも行われている。

2) アセスメント（assessment）

ワーカーとクライエントが協同して情報を収集し，現時点の課題（needs）を分析して適切な目標や援助活動を導き出す過程がアセスメントである。

この段階では，クライエントの身体機能状況，精神心理状況，社会環境状況の相互関連性を考慮し，クライエントのストレングスに着目して課題を明確化する。

たとえば，成人男性が交通事故によって下半身麻痺の状態となった場合，脊髄損傷による下半身麻痺というウィークネスが残存する一方で上半身は自由に動くというストレングスがある身体機能状況。抑うつ気分というウィークネスを今は乗り越え，これからの人生を前向きに考えているというストレングスが安定している精神心理状況。サポーティブな家族の存在や，身体障害者手帳取得による医療費の助成や税金の軽減というストレングスがある一方，誰もが暮らしやすいユニバーサルデザイン（Universal Design）の街づくりが不十分というウィークネスもある社会環境状況。これらの相互作用によって生じる課題を整理すると，

> **ユニバーサルデザイン**
> すべての人にとって使いやすいよう配慮された造形であり，設計がなされていること。

・車いすを使って快適に生活できる住宅環境を整えたい。

・安全かつ快適に街を移動する手段を確保したい。

・復職できる職場環境を整えたい。

などの課題が考えられる。アセスメントに際しては，ワーカーが専門家として考える必要性だけではなく，クライエントが要望していることだけでもない，「真のニーズ」を共有ことが重要である。

3) ケース目標の設定とケアプランの作成

アセスメントの内容を踏まえて具体的な目標をあげ，その実現に向けた援助活動が実施できるように，具体的な手立てを含めた計画を立案することがケース目標の設定とケアプランの作成の局面である。

この局面では，課題の緊急性や重要性を考慮して優先順位をつけること。複数の要因が絡み合って生じている課題をある程度分解して，後述するケアプランの実施やモニタリング，フォローアップが可能な表現にすること。目標の性質に合わせて短期目標や長期目標として適切な期間を設定すること。すでに制度化されているフォーマルな社会資源だけでなく，ボランティアや地域住民などが担うインフォーマルな社会資源も含めて，課題を中心にプランニングすることが重要である。

たとえば,「健康に過ごしたい」という課題の捉え方をすると,「健康とは,病気でないとか,弱っていないということではなく,肉体的にも,精神的にも,そして社会的にも,すべてが満たされた状態にあることをいいます」と WHO 憲章では健康を定義しているので,あらゆる生活のしづらさを包含する表現となる。人間の全体性を重視するというホリスティック概念は相談援助においても重要であるものの,このような抽象度の高い課題の表現では実施する援助活動も抽象的な表現にとどまりやすく,援助活動の実施状況や課題改善の効果判定に支障をきたすといえる。具体的な計画を立案し,クライエントへの説明を十分に行ったうえで,同意を得てから援助活動を実施する。

4) ケアプランの実施

ケアプランに基づき,フォーマルサービスやインフォーマルサポートをクライエントに提供する局面である。

この局面では,ワーカーが提供主体とかかわりを持ち,クライエントに同意を得たうえで,円滑にケアが提供できるよう情報を共有する。

たとえば,発達障害児の発達検査の結果を児童発達支援事業所で共有し,支援に活用することが該当する。必要に応じて,家族構成,緊急連絡先,経済状況,各種サービスの利用状態など,共有する情報の項目を明らかにしたうえで,文書及び口頭で同意を得ることが重要である。

> **フォーマルサービス**
> 制度として公的に整備された福祉サービスのこと。

> **インフォーマルサポート**
> 制度としては公的に整備されていない,地域住民やボランティア等によるサポートのこと。

5) クライエント及びケア提供状況についてのモニタリング（monitoring）及びフォローアップ（follow up）

援助活動の経過を定期的に観察し,プランニングしている援助活動が適切に実施できているのか,課題に対して有効であるのか等を把握して判断することがこの局面である。

アセスメントの時と同様に,クライエントの身体機能状況,精神心理状況,社会環境状況の相互関連性を考慮して,クライエントのストレングスが発揮される環境を整えることができているのかという視点をもって,課題の改善状況を判断する。

たとえば,要介護状態の高齢者が自宅で独居生活を継続している場合,身体機能や精神機能の維持を目的とした介護保険制度による「通所リハビリ」への参加,持病の医学的管理を目的とした後期高齢者医療制度による「かかりつけ医」への受診,社会参加を目的とした地域住民による「ふれあいサロン」への参加,心理的充足感をもたらす「家族との団らん」などが,プランに基づき適切に実施されていることを確認し,それぞれの社会資源によって好循環が生まれ,クライエントのウェルビーイングに有効であると判断することである。

6) 再アセスメント

改めてアセスメントを行うことが,再アセスメントである。

再アセスメントでは,これまでの課題に対してなぜ社会資源が効果を発揮し

ていないのか，または課題そのものに変化がみられるのか，改めて身体機能状況，精神心理状況，社会環境状況にどのような相互作用が生じて課題となっているのか分析する。

　たとえば，医療的ケアが継続的に必要な子どもが病院から退院する援助を行う場合，身体機能状況が安定していても，病院という特殊な社会環境状況から自宅や地域社会で生活することに関連して，食事や排せつといった日常生活をはじめ，就学の環境に至るまで新たにさまざまな課題が生じるため，再アセスメントを要することである。

7）終　結

　課題の解決や改善またはクライエントの死亡などさまざまな形で援助活動は終結する。ただし，援助活動の終結後もクライエントが再び相談できる関係を維持しておくことが重要である。

　たとえば，児童養護施設は18歳が退所の基準であるが，「退所後の自宅を児童養護施設職員が訪問する」，「退所した児童の職場を児童養護施設職員が訪問する」，「退所した児童を児童養護施設に招いて交流会を開催する」などのアフターフォローを行うことである。

4　相談援助の方法と技術

　ソーシャルワークの方法は，ミクロ・ソーシャルワークにおける相談面接，メゾ・ソーシャルワークにおけるグループ・ワーク，マクロ・ソーシャルワークにおけるソーシャル・アクションなど，さまざまな「方法」が考えられるが，本節においては相談援助の基本となる相談面接について解説する。

（1）方法としての相談面接とその目的

　相談面接とは，「援助関係」を形成し，先述の「相談援助の過程」を経て，クライエントの課題を改善するひとつの「方法」である。そして，その「方法」を使いこなすためには「技術」が必要であり，どこで面接するのかという面接形態や，クライエントの視界などを踏まえた環境に関する配慮，そしてワーカーのコミュニケーション技術などを統合した「面接技術」として身に着けることが求められる。また，「方法」のレパートリーを増やし「技術」を洗練する努力はワーカーの責務といえるが，その目的がクライエントのウェルビーイングからワーカーの自己顕示欲を満たすことにすり替わってはいないか注意しておくことが重要である。

（2）相談面接を行う環境

　相談面接を行う環境には，相談室として高い防音性と遮視性を保った環境で

行う場合もあれば，相談コーナーといったローパーテーションを用いてある程度の遮視性のみを保った環境，あるいはクライエントが普段過ごしている生活の場で行う場合もある。事務手続き等を行うだけの場合であれば防音性や遮視性について特に配慮すべき必要はないが，生活のしづらさについての語りやクライエントの感情を受け入れることを前提とした相談面接では，高い防音性と遮視性を保った環境で行うことが望ましい。また，相談室内のしつらえや着席位置が与える影響も多大である。たとえば，無機質なコンクリート打ちっぱなしの室内で天板と脚だけの平机を挟んで向かい合い，パイプいすに座っているという状態では尋問を受けるような環境といえるであろう。「クライエントとワーカーの着席位置」における① はクライエントとワーカーの視線が最も合う位置であり，緊張感が高まりやすい位置関係である。② はクライエントとワーカーの視線を合わせたり外したりする調整が行いやすい位置関係である。③ はパーソナルスペース（personal-space）内に入る不自然な位置であるため不信感すら抱かせるであろう。したがって，② の配置が90 度法または直角法という相談援助に最も適した着席位置である。

パーソナルスペース
他者が接近することより不快を感じる距離のこと。

図表 8 - 2　クライエントとワーカーの着席位置

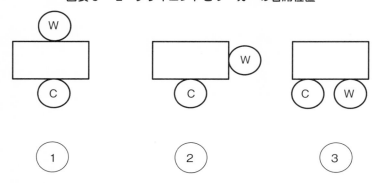

相談室内で行う面接とは別に，レドル（Redl, F.）はクライエントが普段過ごしている生活の場で行う「生活場面面接」を提唱した[6]。生活場面面接は，相談室のなかで行う構造化された面接では把握しがたい，生活者としてのクライエントへの理解を深め，生活実態の把握や課題に対して即応的に対応することが可能であるという特徴がある。相談援助の展開過程において，相談室内で行う面接と生活場面面接を適切に組み合わせることが重要である。

（3）コミュニケーション技術

相談面接はコミュニケーションによって行う。それは，言葉そのものである言語的コミュニケーション（バーバルコミュニケーション：verbal communication），語調を意味する準言語的コミュニケーション（パラ・バーバルコミュニケーション：para-verbal communication），そして表情やジェスチャーな

どの非言語的コミュニケーション（ノン・バーバルコミュニケーション：non-verbal communication）という３つのレベルが合わさったトータル・コミュニケーション（total communication）として発信と受信を繰り返すことにより成り立っている。ワーカーは，言語・準言語・非言語が一致した内容を発信することはもちろん，クライエントが発信する言語・準言語・非言語の不一致を感知し，その意味を読み取り，クライエント自身の「気づき」につなげることが求められる。

　以下に，代表的なコミュニケーション技術を示す。

図表 8-3　代表的なコミュニケーション技術

技術の名称	会話の例	内容と注意点
開かれた質問	W：どのようなご相談ですか。 C：…。え〜と。…。	Yes／No では答えられない質問の仕方。クライエントが話すことで自分自身を洞察する機会を持つため，基本的には開かれた質問を優先する。
閉ざされた質問	W：お子さんについてのことですか。 C：そうなんです。子どもが…。	Yes／No で答えることが可能な質問の仕方。クライエントが話しやすくなる反面，クライエントの主体性を損ないかねない。
促　し	C：子どもがまったく寝なくって…。 W：そうなんですね。	うなづきや相づちによってクライエントが話すことを促進する。タイミング良く，最小限の言葉に抑える。
繰り返し	C：私も眠れないんでつらくって…。 W：それはつらいですね。	良し悪しの価値判断を加えずにクライエントの言葉を繰り返す。特にクライエントの感情に関する言葉を繰り返すことを「感情反射」という。
要　約	C：夫とはいつも口論になるんです。自分は何もしないくせに，私のしつけ方が悪いからだって！こんなに頑張ってるのに…。 W：一生懸命育児をしているのに，ご主人はそのことを認めてくれないんですね。	話の要点を整理してフィードバックすることで，クライエント自身何が言いたいのか整理することを促す。さまざまな感情が入り混じっているため，安易な感情の解釈に注意する。
対　決	C：こんなこと言っても仕方ないんで，大丈夫です…。 W：そうですか？私には，つらそうに見えますよ。	言語レベルで発信される「大丈夫」に対して，準言語・非言語レベルで発信される「大丈夫ではない」の不一致を「私」の印象として指摘する。
承　認	C：母親だったら当たり前にできることができていないだけですから…。 W：子どもは一人ひとり違いますから…。お母さんはとても頑張っていらっしゃいますよ。	クライエントの努力を承認する。同調して夫の行動を非難することでも，自分の体験談を話すことでもない。

　また，沈黙が続くことは対人関係において気まずさを感じる時間である。ワーカーが沈黙に対する耐性が低いと，一方的に話し続けるという相談面接からかけ離れた状態に陥りかねない。クライエントの沈黙は何を意味しているのか推察することが重要である。たとえば，
・ワーカーからの質問の意味が理解できないための沈黙。
・ワーカーからの質問に返答する内容を考えている途中の沈黙。
・ワーカーからの質問に対して怒り，抗議を意味する沈黙。
という沈黙の意味を推察し，
・質問に使う言葉を変えて，改めて質問しなおす。
・ゆっくり考えてよいことを伝えて待つ。
・気に障る点があったのか問い，必要があれば謝罪する。
など，ワーカーはクライエントの「沈黙」の意味を読み取り，適切に対応する

ことが求められる。

注)

1)　社会福祉専門職団体協議会「ソーシャルワーク専門職のグローバル定義と解説 2016」
　　（https：//www.jacsw.or.jp/06_kokusai/IFSW/files/SW_teigi_01705.pdf，2019 年 3
　　月 23 日閲覧）
2)　Rawls, J., *A THEORY OF JUSTICE revised edition*, 1999, pp.47-168.（川本隆
　　史・福間聡・神島裕子訳『正義論　改訂版』2010 年，pp.75-261）
3)　日本 WHO 協会「健康の定義について」（https：//www.japan-who.or.jp/
　　commodity/kenko.html，2019 年 3 月 23 日閲覧）
4)　Biestek, F. P., *The Casework Relationship*, Loyola University Press, 1957.（尾崎
　　新・福田俊子・原田和幸訳『ケースワークの原則〔新訳改訂版〕―援助関係を形
　　成する技法』誠信書房，2006 年）
5)　白澤政和『ケアマネジメントの本質―生活支援のあり方と実践方法―』中央法規，
　　2018 年，pp.57-74
6)　Redl, F. and D. Wineman, *Children who Hate*, The Free Press, 1951.（大野愛子・
　　田中幸子訳『憎しみの子ら：行動統制機能の障害』全国社会福祉協議会，1975
　　年）

参考文献

　笠原幸子『ケアワーカーが行う高齢者のアセスメント―生活全体をホリスティッ
　　クにとらえる視点―』ミネルヴァ書房，2014 年
　岩田正美監修・白澤政和・岩間伸之編著『リーディングス日本の社会福祉第 4 巻
　　ソーシャルワークとはなにか』日本図書センター，2011 年
　日本社会福祉学会事典編集委員会編『社会福祉学事典』丸善出版，2014 年

プロムナード

　有名タレントをきっかけとした「生活保護バッシング」が 2012 年にあ
りました。高所得者が母親を扶養せずに生活保護制度を利用することは「け
しからん！」という内容です。そして，週刊誌のみならず，テレビや国会の
質疑においても，不正受給が蔓延しておりまじめに働く納税者が損をしてい
るという展開になりました。
　実際には，日本の GDP に占める生活保護費の割合は OECD 加盟国平均
の 7 分の 1 と極端に低いことを全国生活保護問題対策会議が主張していま
したが，多くの人がテレビなどで繰り広げられる「マジメな納税者」と「ズ
ルい受給者」という構図に支配されてしまったのではないかと思います。
　マジメに働いても「健康的で文化的な最低限度の生活」が維持できない社
会こそが課題の本質であると気づくために，学び続けることが大切だと感じ
ました。

学びを深めるために

　渡辺一史『なぜ人と人は支えあうのか―「障害」から考える』ちくまプリマー新書，
　　2018 年
　　　深く難しいテーマを，スラスラと読めるわかりやすい言葉で書いてくれていま
　　す。人との出会いを通して経験的に学ぶことと，教科書などに示された理論を結
　　び付けてくれるきっかけになると思います。

宮本節子『ソーシャルワーカーという仕事』ちくまプリマー新書，2013 年
　ソーシャルワーカーという見えにくい仕事のことが，具体的な出来事を通して
わかりやすく書かれています。人がしあわせに暮らすことと，専門家が考える必
要性について，じっくりと考え直すきっかけになると思います。

第 9 章

社会福祉の動向と課題

1　社会の変化と社会保障制度改革の動向

　社会福祉の動向について触れる前に密接な関係にある社会保障と社会福祉の関係性と相違について述べることにする。両者の関係は表裏一体の関係であり，どちらかが欠如しても私たちの生活に深刻に影響を与えることになる。まず，両者の関係性であるが，社会福祉実践（ソーシャルワーク）を支えるのが社会福祉制度（福祉六法：老人福祉法，児童福祉法，母子及び父子並びに寡婦福祉法，身体障害者福祉法，知的障害者福祉法，生活保護法）である。この社会福祉実践並びに社会福祉制度を支えるのが社会保障制度（医療・年金・住宅・雇用等）である。ゆえに社会福祉と社会保障は密接な関係にある。なお，国家予算の関係あるいは概念の関係で社会福祉は社会保障の範囲に含まれている。

　次に両者の役割の基本的相違であるが簡潔に述べると

① 対象者：社会福祉は基本的に生活困窮者に対して国家責任のもとで最低生活の保障を講ずる。これに対して，社会保障の対象者は社会保険の被保険者である。

② 機能：社会福祉は救貧であるが，社会保障は防貧である。

③ 働きかけの方法：社会福祉が個別的・特殊的であるのに対して，社会保障は普遍的・一般的である。

④ 援助方法：社会福祉は原則ソーシャルワークを用いて専門的援助を行う。これに対して，社会保障は年金事務所，ハローワーク等において事務関係職員が社会保険（雇用保険の失業給付等）の支払い・給付に関して事務的に行う等が両者の基本的相違であるが，近年では両者の領域が近似する傾向にある。

　この章の表題は社会福祉の動向であるが，社会福祉は財政的あるいは政策的に社会保障制度の動向に左右されるため，社会保障制度の動向，すなわち社会保障制度改革について述べることにする。

　ところで，社会保障制度は私たちの生活維持・向上を目的とした制度である。本来，社会保障制度の主な機能は，① 生活の安定・維持向上（たとえば，生活上の疾病・ケガ，老後の保障），② 所得再分配機能（たとえば，高額所得者層から低所得者層への所得移転），③ 経済の安定化機能（たとえば，景気変動に対する安全弁）等である。図表９−１は国民生活を生涯にわたって支える社会保障制度を図式化したものであり，保健・医療（健康づくり，健康診断，疾病治療，療養），社会福祉等（高齢者医療，児童福祉，母子・寡婦福祉，障害（児）者福祉），所得保障（年金制度，生活保護）雇用（労働力需給調整，労災保険，雇用保険，職業能力開発，男女雇用機会均等，仕事と生活の両立支援，労働条件）等各分野にわたって私たちの生活を支えている。

　わが国の社会保障制度は，高度経済成長のもとで，1961（昭和36）年に国民皆保険，国民皆年金制度が確立し，社会保障制度の体系が確立された。そして，

図表 9 - 1 国民生活を生涯にわたって支える社会保障制度

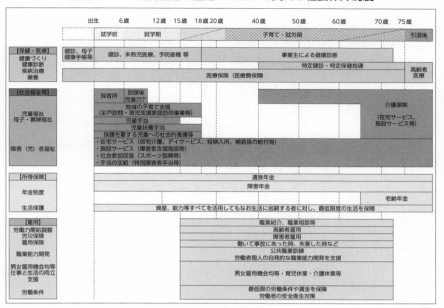

出所）厚生労働省編『厚生労働白書（平成 29 年度版）』

国民の健康と障害・老後の生活保障体制が整備された。そして，日本経済は重化学工業をはじめとする民間の設備投資にも支えられ，経済成長率年 10％前後の高水準の経済発展を遂げた。いわゆる，高度経済成長期（1955 年～ 1973 年の約 20 年間）を迎えたのである。この経済の成長に伴って，国民の所得水準も向上し，各家庭に電化製品（冷蔵庫，洗濯機，テレビ等）等が導入され，生活水準も豊かになった。しかし，一方では地方から都市への人口移動（流入）による都市における人口の過密化と地方の人口流出による過疎化現象が起こった。また，同時期には公害問題（水俣病，新潟水俣病，四日市ぜんそく，イタイイタイ病等）も発生した。

その後，日本経済はバブル期を経て長期の経済停滞期に入ると同時に，少子・高齢化（高齢化率の上昇，合計特殊出生率の低下），家族形態の変容（三世代同居の減少，高齢者世帯の増加），地域社会の衰退（隣人関係の希薄化），雇用環境の変化（非正規等雇用の増加），企業の福利厚生の衰退（社宅，持ち家制度，文化・福利厚生）等により，社会構造の変化が顕著となり，社会保障制度の機能・役割がより一層重要視されるようになった（図表 9 - 2 参照）。

また，雇用形態等の変化はセーフティネット（安全網）の弱体化を招いた。かつて，わが国の雇用形態の特徴は，終身雇用，年功序列を基本とし，労働者は一生涯安定的生活設計を描くことができた。しかし，民間企業の福祉厚生等の私的保障の衰退もあって，公的保障による支援の重要性がますます増加している。しかし，わが国は少子・高齢社会のもとで，とくに医療・年金・介護の各領域において財政的に厳しい局面を迎え社会保障制度の持続性が重要課題と

セーフティネット

　もとは安全網のことで，サーカスなどで落下防止のために張る網のことである。これが転じて，社会保障制度や金融機関破綻の際の預金者保護制度など，一部の危機が全体に及ばないようにするようにするための制度や対策をさすようになった。

図表9－2　社会保障が前提としてきた社会の構造変化

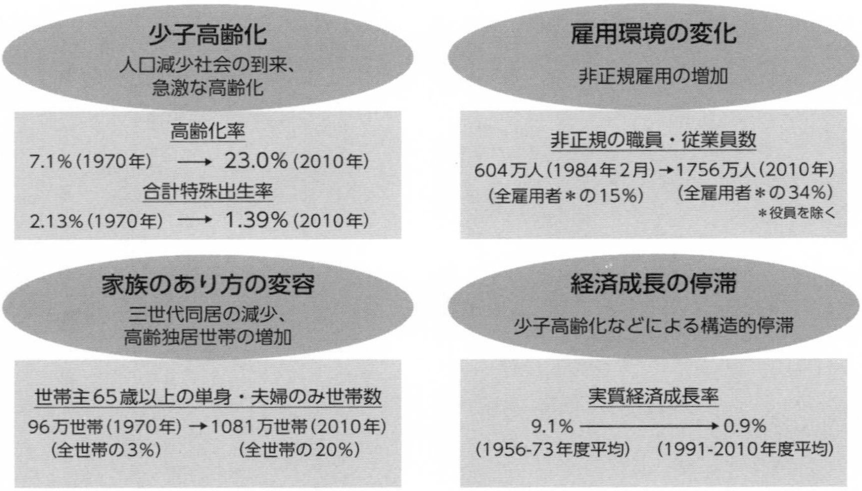

出所）高齢化率，世帯主65歳以上単身・夫婦のみ世帯数については，総務省「国勢調査」（1970年度，2010年度），合計特殊出生率については厚生労働省「人口動態統計」，非正規の職員・従業員数については総務省「労働力調査 長期時系列データ」，実質経済成長率については内閣府「国民経済計算」平成10年度確報（1956-73年度平均），平成21，22年度確報（1991-2010年度平均）
出所）厚生労働省編『厚生労働白書（平成24年版）』

なっている。こうした社会構造の変化によって，国民の生活の安定を目指すための社会保障制度の確立が緊急課題となり，政府により，社会保障と税の一体改革構想がなされた。

2　社会保障と税一体改革

（1）社会の構造変化と社会保障と税一体改革構想

　戦後のわが国の社会保障制度に関する調査・審議並びに勧告は社会保障制度審議会が行ってきた。著名なものとして「生活保護制度の改善強化に関する勧告」（1949），「社会保障制度に関する勧告」（1950），「社会保障制度の総合調整に関する基本方策についての答申および社会保障制度の推進に関する勧告」（1962）等がある。その後，社会保障に関する論議の場は閣議決定により設置された社会保障国民会議（2008）に移行した。その後，「社会保障制度改革推進法」（2012）に基づいて，社会保障制度改革国民会議が設置された。

　現在は，社会保障制度改革推進会議（2014）が設置され，その機能が継承されている。

　ところで，わが国の社会構造変化に関する報告は「社会保障改革案」（2011）である。

　その概要は，① 子ども・子育て支援，若者雇用対策，② 医療・介護等のサービス改革，③ 年金改革，④ 「貧困・格差対策」「低所得者対策」等の4分野となっている。なお，同改革案においてマイナンバー制の導入を掲げている。

つづいて，同年「社会保障・税一体改革成案」(2011) が報告されたのである。

　その後，成案の内容をより具体化するため，政府・与党による「社会保障・税一体改革素案骨子」(2011) が示された。この素案における社会保障改革により，① 子ども・子育て支援の強化，② 医療・介護サービス保障の強化，社会保障制度のセーフティネット機能の強化，③ 貧困・格差対策の強化，④ 多様な働き方を支える社会保障制度，⑤ 全員参加型社会，ディーセント・ワーク (decent work) の実現，⑥ 社会保障制度の安定財源確保，等 6 つの方向性が提示された。

(2) 社会保障・税一体改革大綱

　「社会保障・税一体改革素案骨子」に修正を加えて，「社会保障・税の一体改革大綱」が 2012 年 2 月に閣議決定された。その後，民主・自民・公明の 3 者にて協議の結果，3 党合意がなされた。そのうち社会保障制度に関する修正点は，① 年金：ア. 最低保障年金など新年金制度は社会保障制度改革国民会議で議論，イ. 低所得者向け加算は年金でなく給付金，ウ. 高所得者の基礎年金減額案は見送り，エ. パートなど非正規雇用への厚生年金運用拡大は縮小，オ. 厚生年金と共済年金の統合，カ. 受給資格期間を現行の 25 年から 10 年に短縮，② 医療：後期高齢者医療制度廃止は社会保障制度改革国民会議で議論，③ 子育て：総合こども園は現行の認定こども園を拡充，④ その他：生活保護制度の見直し等となっており，当初の社会保障・税の一体改革構想より，大幅に後退した。とくに，総合こども園の創設，非正規雇用者の厚生年金運用拡大，後期高齢者医療保険制度の代替構想等は後退した。こうした政治的妥協のもとで「社会保障と税の一体改革関連 8 法」が 2012 年 8 月 10 日に成立し，同年同月の 22 日に公布された。

> ### ディーセント・ワーク
> 「働きがいのある人間らしい仕事」の意味。1999 年の国際労働機関 (ILO) 総会において，21 世紀の目標として報告・提案された。失業，不安定な勤労収入，障害者や高齢者に対する保護の不十分などの労働疎外的状況を解決すべく提案された概念である。

3　社会保障と税一体改革で目指す将来像

　図表 9 - 3 は「社会保障・税一体改革で目指す将来像」(平成 24 年 1 月 6 日厚生労働大臣提出資料) である。当時このプランについて厚生労働省によると「目標は現役世代も含めた全ての人が，より受益を実現できる社会保障制度の再構築」となっており，全世代間・世代内型社会保障制度を目指すものであり，今後の社会保障制度の骨子を提示したものである。

　また，改革のポイント 1) 共助・連帯を基礎とした国民一人一人の自立を支援，2) 機能の充実と徹底した給付の重点化・効率化を，同時に実施，3) 世代間だけでなく世代内での公平を重視，4) 特に，子ども・若者，医療・介護サービス，年金，貧困・格差対策を優先的に改革，5) 消費税の充当先を「年金・医療・介護・子育て」の 4 分野に拡大，6) 社会保障の安定財源確保と財政健

図表 9 − 3　社会保障・税一体改革で目指す将来像

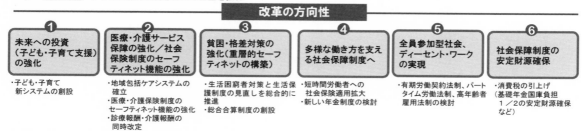

社会保障改革が必要とされる背景

| 非正規雇用の増加など 雇用基盤の変化 | 家族形態や地域の変化 | 人口の高齢化、 現役世代の減少 | 高齢化に伴う社会保障 費用の急速な増大 |

・高齢者への給付が相対的に手厚く、現役世代の生活リスクに対応できていない
・貧困問題や格差拡大への対応などが不十分
・社会保障費用の多くが赤字国債で賄われ、負担を将来世代へ先送り

社会経済の変化に対応した 社会保障の機能強化 が求められる

現役世代も含めた全ての人が、より受益を実感できる社会保障制度の再構築

改革のポイント

◆　共助・連帯を基礎として国民一人一人の自立を支援
◆　機能の充実と徹底した給付の重点化・効率化を、同時に実施
◆　世代間だけでなく世代内での公平を重視
◆　特に、①子ども・若者、②医療・介護サービス、③年金、④貧困・格差対策を優先的に改革
◆　消費税の充当先を「年金・医療・介護・子育て」の4分野に拡大＜社会保障4経費＞
◆　社会保障の安定財源確保と財政健全化の同時達成への第一歩
　⇒消費税率（国・地方）を、2014年4月より8％へ、2015年10月より10％へ段階的に引上げ
◆　就労促進により社会保障制度を支える基盤を強化

改革の方向性

❶	❷	❸	❹	❺	❻
未来への投資（子ども・子育て支援）の強化	医療・介護サービス保障の強化／社会保険制度のセーフティネット機能の強化	貧困・格差対策の強化（重層的セーフティネットの構築）	多様な働き方を支える社会保障制度へ	全員参加型社会、ディーセント・ワークの実現	社会保障制度の安定財源確保
・子ども・子育て 新システムの創設	・地域包括ケアシステムの確立 ・医療・介護保険制度のセーフティネット機能の強化 ・診療報酬・介護報酬の同時改定	・生活困窮者対策と生活保護制度の見直しを総合的に推進 ・総合合算制度の創設	・短時間労働者への社会保険適用拡大 ・新しい年金制度の検討	・有期労働契約法制、パートタイム労働法制、高年齢者雇用法制の検討	・消費税の引上げ（基礎年金国庫負担1／2の安定財源確保など）

出所）「社会保障・税一体改革で目指す将来像」（平成24年1月6日厚生労働大臣提出資料）

全化の同時達成への第一歩（消費税率（国・地方）を，2014年4月より8％へ，2015年10月より10％へ段階的に引き上げ（実際は2019年10月1日より引上げ），7）就労促進により社会保障制度を支える基盤を強化等となっている。次に同プランの具体的内容について述べる。

（1）未来への投資（子ども子育て支援の強化）

今回の改革の目玉のひとつとして，厚生労働省は最初に子ども・子育て支援の強化をあげている。子育て支援対策の始まりは，1990（平成2）年の1.57ショック以降であるが，これまで幾度となく子育て支援対策が実施されてきたが，結果として効果的な成果をあげることができなかった。改革の方向性は，1）待機児童の解消や幼保一元化，2）市町村が責任を持って，地域の子育て支援の充実となっている。そして，改革検討項目として

① 待機児童を解消（保育，放課後児童クラブを量的拡充）し，保育に携わる職員の専門性を高め，体制の強化を図る。具体的数値は以下の通りである。

	2010 年	2014 年	2017 年
3 歳児未満の保育利用率	：23％（75万人）	→ 35％（102万人）	→ 44％（118万人）
放課後児童クラブ	：21％（81万人）	→ 32％（111万人）	

② 質の高い学校教育・保育を一体的に提供できる仕組みを構築（幼保一元化）

する。

③ 地域でいきいきと子育てできるよう，支援を充実する。具体的数値は以下
の通りである。

	2010 年	2014 年
地域子育て支援拠点	：7,100 カ所→	10,000 カ所
一時預かり	：延べ 348 万人※→	延べ 3,952 万人 ※（2008 年時点）
ファミリー・サポートセンター事業	：637 市町村→	950 市町村

④ 市町村が責任を持って，地域の声を聞きながら，計画的に子育て支援を充
実する等となっている。

（2）医療・介護サービス保障の強化

　この領域はわが国が超高齢社会にあって，高齢者の増加とともに年々費用が
増加し最も改革が必要な領域である。その対策のひとつとして，WHO（世界
保健機構）が規定する「すべての人に健康を」を標榜するプライマリ・ヘルス
ケア（primary health care）の精神のもと，地域住民の健康第一を重視した前提
のもとで，医療・介護サービスを提供することが，結果的に医療，介護費用の
削減に繋がるであろう。

　改革の方向性として，1）高度急性期への医療資源集中投入などの入院医療
強化，2）在宅医療の充実，地域包括ケアシステムの構築等をあげている。

　この改革のポイントは病気になった場合と退院した場合の連携である。

　たとえば，疾病に罹患した場合，まず，かかりつけ医に受診し，症状に応じ
て，地域の連携病院で治療を受ける。病状によっては急性期病院に入院し，退
院後，回復期病院（集中リハビリ）を経緯，または，急性期病院を早期退院して
自宅療養に努める。この場合，キーポイントとなるのが，地域包括ケアシステ
ムの構築となる。地域包括支援センターは，介護保険法のもとで，要支援高齢
者に対する地域介護支援—介護予防ケアマネジメント，各種相談支援，包括
的・継続的ケアマネジメント—等を実施している。厚生労働省は，介護保険制
度改正（2011）のなかで，① 日常生活圏域において，医療，介護，予防，住ま
い，生活支援サービスの，効果的，一体的に提供される地域包括ケアシステム
の実現，② 給付の効率化・重点化の推進による持続可能な介護保険制度の構
築の 2 点を見直しの要点としてあげている。

　地域包括ケアシステムを構築するためには，幾多のハードルがある。たとえ
ば 24 時間対応の定期巡回・随時対応サービスの実施，地域社会の再生，介護
人材の質的・利用的確保，在宅医療を担う人材の確保，自宅・高齢者ケア付き
住宅の建設，地域包括ケアシステム構築の国・地方自治体の財源確保等の対策
を講ずる等である。

　なお，医療・介護サービス保障の強化の改革のイメージは図表 9 − 4 の通り

地域包括ケアシステム

　地域包括ケアとは「医療，介護，予防，住まい，生活支援サービスが連携した要介護者等への包括的な支援」を意味している。そして，2010（平成 22）年 3 月に公表された「地域包括ケア研究会報告書」では，地域包括ケアシステムとは「ニーズに応じた住宅が提供されることを基本とした上で，生活上の安全・安心・健康を確保するために，医療や介護のみならず，福祉サービスを含めたさまざまな生活支援サービスが日常生活の場で適切に提供できるような地域での体制」と定義している。

図表9－4　医療・介護サービス強化改革のイメージ

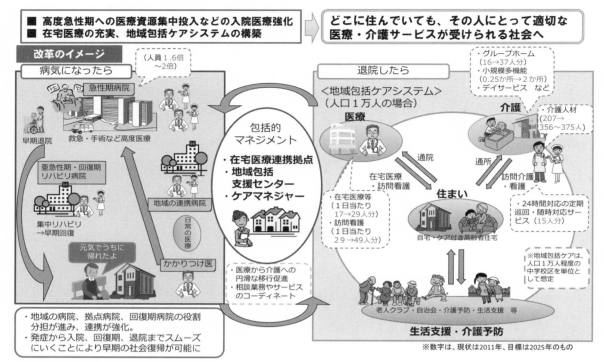

出所）「社会保障・税一体改革で目指す将来像」（平成24年1月6日厚生労働大臣提出資料）

である。

（3）社会保険制度のセーフティネット機能の強化

　社会保険制度のセーフティネット機能の強化であるが，改革の方向性として1）働き方にかかわらず，保障を提供，2）長期にわたり，高額な医療を受ける患者の負担を軽減，3）所得格差を踏まえた財政基盤の強化・保険者機能の強化，4）世代間・世代内の負担の公平化等を指摘している。主な改革検討項目として，①年金・医療：短時間労働者への厚生年金・健康保険の適用拡大を図る。

　わが国の雇用状況は厳しくなり，非正規雇用者が増加し，その多くは社会保険未加入者である。そのため医療保険，年金保険の未加入者の問題が大きな社会問題となっている。働き方にかかわらず保険に加入することが可能であることが社会保険制度のセーフティネットの強化において重要である。かつてわが国の雇用は終身雇用，年功序列が基本体系であった。そのため生涯の生活設計が容易で，日常生活設計が安定していた。しかし，今日では非正規雇用者の増加傾向にあり，全労働者の約4分の1以上を占めている。先述したように非正規雇用者は保険未加入者が多く，健康問題，労働賃金，生活苦等の問題を抱えている。

> 非正規雇用者対策の一例として，例えば月収 10 万円のフリーターの場合，
> 国民年金から厚生年金に移行した場合，厚生年金の場合本人の保険料月額
> 約 0.8 万円事業主負担同じく保険料負担額 0.8 万円で年金額が厚生年金月額
> 約 2.1 万円，基礎年金額月額約 6.6 万円となり，国民年金の本人保険料負担
> 額月額約 1.5 万円で基礎年金月額約 6.6 万円を上回ることになる。

② 年金：ア. 低所得の基礎年金受給者等へ給付を加算する。

イ. 受給資格期間を短縮し，給付した保険料を年金受給につなげやすくする。

ウ. 特例法により物価スライドを行わず，本来の年金額より高い水準の年金額
を支給している措置を解消する。

エ. 産前・産後の休業期間中，厚生年金保険料の負担を免除する。

③ 医療：ア. 高額医療費の見直し，イ. 高額医療制度の見直し，ウ. 国保・介
護保険の財政基盤の安定化等となっている。

(4) 貧困・格差対策の強化 (重層的セーフティネット機能の強化)

貧困と格差社会の問題は，現代社会において深刻な問題を提起している。

かつて，日本の雇用関係は，正規雇用（正社員）のもとで，終身雇用，年功
序列型の雇用形態が多くの企業において維持されてきた。こうした雇用関係は
「安定社会」を構築し，疾病，罹患，失業，老後，労働災害等に関して，社会
保険の被保険者の場合，社会保険（医療保険，雇用保険，年金保険，労働者災害
保険）あるいは大規模企業による企業内福利（社宅，保養地，スポーツ施設等），
あるいは自営業者の場合，医療は国民健康保険，年金は国民年金等により，直
接，被生活保護者へと落下することはなかった。しかし，非正規雇用の場合，
各種社会保険に加入する機会が極端に少ないため，必然的に無保険者となる
ケースがある。この場合，被保険者でないため，疾病，障害，失業者となった
場合，社会保険というセーフティネットがないため，直接落下して被生活保護
者となり得る。このことは，非正規雇用者がいったん，疾病・障害に陥った時，
従来，生活のセーフティネットの役割を果たしてきた各種の社会保険を通過す
ることなく，いきなり公的扶助制度（生活保護制度）に依存することになる。ま
た，非正規雇用の増加は被保険者を中核とした社会保険機能を弱体化し，財源
を租税によって担う公的扶助に頼らざるを得なくなるので結果的に国民の社会
保障制度に対する費用負担増になる。このため，貧困・格差対策の強化（重層
的セーフティネットの構築）は緊急な対策を要する。

この改革の方向性は，1) 働くことを希望するすべての人が仕事に就けるよ
う支援，2) 低所得者へのきめ細かな配慮（社会保障の給付等によるきめ細やかな
対策）となっている。

主な改革検討項目として，① 第 1 のネット：社会保険制度・労働保険，②
第 2 のネット：求職者支援制度，③ 第 3 のネット：生活保護等となっている。

格差社会

戦後の高度経済成長期か
らバブル期までの「一億総
中流」という国民の生活意
識が崩れ，所得や教育，職
業などさまざまな分野にお
いて，国民の間で格差の拡
大と二極化が進行し，もは
や個人の努力では埋めるこ
とができないほどの格差意
識状況になった社会をさす。

すなわち，労働者が疾病に罹患したり，障害，失業したりした場合，第1ネットである社会保険あるいは労働保険を適用し，生活困難を予防する。また，労働者が失業した場合，第2ネットである雇用保険を適用するが，雇用保険を受給できない労働者に対して，求職者支援制度（職業訓練等）を実施しながら再就職を促進することによって生活困難を防止する。第1あるいは第2のネットを不適用（落下）した場合，最後の手段として第3ネットである生活保護を適用して，生活困窮者を支援し自立に向けた生活自立支援サービスを実施することになる。こうした第1，第2，第3のネットで労働者の生活維持・支援を図ることとなっている。

（5）多様な働き方を支える社会保障制度へ

　第5番目の改革は，多様な働き方を支える社会保障のあり方である。近年，ワークライフバランス（work Life balance）という用語が用いられるが，この意味は，日常生活における仕事と生活の調和を図ることである。この考え方は，充実感あふれる生活が，結果として仕事の生産性と効率をあげることに繋がるというものである。

　周知の通り，わが国の女性の就労の特徴は「V字型」である。V字型就労の特徴は，学校卒業，多くの女性が一度は就職するが，結婚して出産後家庭に入り，その後，再度就労するという過程を歩む。その為，就労の目的は，家計補助的就労に陥り易いのである。しかし，今日のような女性の高学歴化は自立を促すきっかけとなり，かつてのように女性の3大職業である「教師・看護師・保育士」以外の多方面への社会進出を果たしている。

　ところが，日本の女性の出産後の就労においては，育児と家事の両立を担うことが困難を極めている。この解決のためには，企業の就労条件の改善，社会あるいは男性の意識改革は無論のこと，国，地方自治体の支援が必要となる。近年，労働力不足が言われて久しいが，全人口の半分を占める女性の雇用並びに登用を軽視することは，わが国の労働の創出力の損失に繋がるのである。女性の就労率を向上させるには，社会全体の意識改革が必要であり，バックアップすることが，女性の労働環境を整備すると同時に労働環境全体の向上にもなり，女性の就労支援が子育て支援にもなり，結果的に合計特殊出生率の向上にも繋がる。こうした動向は多様な働き方を支える社会保障制度への改革の方向性である，1）短時間労働者への社会保険の適用拡大，2）産休期間中の保険料負担免除，3）被用者年金の一元化，4）年金の第3被保険者制度の見直し，5）在職老齢年金の見直し等となっており，このことが最終的に出産・子育てを含めた多様な生き方や働き方に公平な社会保障制度へ継承されるとしている。

　そして，主な改革項目として，①短時間労働者への厚生年金・健康保険の適用拡大，②産前・産後休業期間中，厚生年金保険料の負担を免除する，③

ワークライフバランス
　日常生活において，仕事と生活の両立を図ることである。充実した生活が仕事における生産性を高め，仕事での充実感が生活の質を高めるという好循環が好ましき企業経営を支えるという考え方である。

被用者年金の一元化，④第3号被保険者制度の見直し，⑤在職老齢年金の見直し，⑥新しい年金制度の創設等をあげている。

(6) 全員参加型社会，ディーセント・ワークの実現

この全員参加型社会，ディーセント・ワークの実現のための改革の方向性は，1) 若者をはじめとした雇用対策の強化，2) 非正規労働者の雇用の安定・処遇の改善等となっており，このことが結果として誰もが働き，安定した生活を営むことができる環境を確保できるとしている。

主な改革検討項目は，①非正規労働者の雇用の安定や処遇の改善に向けて，公正な待遇の確保に必要な施策の方向性を理念で示す総合ビジョンの策定，②有期労働契約の利用ルールを明確化，③パートタイム労働者の均等・均衡待遇をさらに推進，④希望者全員の65歳までの雇用確保策を検討，⑤新卒者やフリーター等の就職支援を強化，⑥求職者支援制度で早期の就職を支援，等としている。また，改革のイメージとして，①非正規労働者が十分に能力を発揮し，安心して働くことができる，②希望者全員の65歳までの雇用が確保される制度へ，③未来を担う若者の安定雇用を確保，④求職者支援制度で早期の就職を支援し，安定した雇用につなげる等と描いている。この改革は近年増加している若者あるいは中年の非正規雇用者の対応が骨子となっているが，増加の理由は1990年代のバブル経済崩壊がきっかけとなり，リストラにより正社員を解雇し，パート労働者に置き換えたことから始まったといわれている。ただ，最近では働く時間が自由でさまざまな職業を選びやすいから非正規雇用を選択する若者も若干増加しているが，この雇用形態を改善することによって「格差社会」の是正に繋がることにもなる。その意味でこの「多様な働き方を支える社会保障制度」の改革は非常に重要なテーマであった。

(7) 社会保障制度の安定財源確保

社会保障制度の安定的財源確保は長年の課題である。よって，この改革の方向性は，1) 消費税の使い途を，現役世代の医療や子育てにも拡大，2) 基礎年金の国庫負担割合の2分の1の確保，3) 医療・介護の社会保険料軽減などの低所得者対策，4) 社会保障の費用は，消費税収を主要な財源として確保等となっており，これらの事項の達成が結果として現役世代への支援を強化し，あらゆる世代が広く公平に社会保障の負担を分かち合うと結論づけている。

また，主な改革検討項目として，①消費税の使い道を，現在の高齢者3経費（基礎年金，老人医療，介護）から社会保障4経費（年金，医療，介護，子育て）に拡大，②基礎年金の国庫負担割合2分の1を確保，③低所得者の医療・介護保険料軽減など，④消費税率（国・地方）を，2014年より8％へ，2015年10月より10％へ段階的に引き上げ（実際の8％から10％への引上げは，2019年10月

１日より）等をあげている。この社会保障制度の安定財源確保の問題は，社会保障制度の継続性に関わる重要な課題である。高齢社会は国連の定義によると全人口に占める高齢者の割合が7％を超えると「高齢化社会」，14％を超えると「高齢社会」というが，わが国は20％をはるかに超えた「超高齢社会」である。このことは，労働力人口の減少（総務省「労働力調査年報」(2016) によると2016年の労働力人口は6,648万人であるが2065年には3,946万人となり，2016年と比較して約4割の減少とされている）により，経済活動が停滞することを意味する。この状態を打破するためには，① 労働力年齢の引き上げ（退職年齢延長），② 女性の労働力を男性並みに引き上げるか，③ 外国人労働者の労働力に依存しない限り，国・地方自治体の税収入並びに被保険者減少による社会保険料の収入が低下し，結果的に社会保障給付並びに社会福祉諸サービスの低下に繋がる。

　社会保障制度の継続性を目指す安定財源として，消費税が充てられることになったが，国民の暮らしを安定化させるためには，所得の確保と国民の生活を守るためには持続可能な社会保障制度の構築が必要となる。わが国の社会保障制度は，戦後，社会保険制度を中核に今日まで発展してきた。少子・高齢社会を迎えて，年金，医療，介護・子育て支援等の課題に対して，どのようにして安定的財源の確保を可能にし，持続可能な社会保障制度を構築することが今後の最大の課題である。

4　社会保障・税一体改革による社会保障制度改革の取り組み

　ここまで，わが国の社会保障制度の骨格を提示した「社会保障・税一体改革で目指す将来像」について検討してきたが，この節ではそれ以降の主な社会保障制度改革の実施事項について図表9－5を参照して検討する。

　この一連の社会保障制度改革の主な取り組みで注目すべき点は年金・医療・介護に加えて子育て支援に対する取り組みが具体的に始まったことである。少子化対策については1990（平成2）年の1.57ショック（合計特殊出生率が1.57となる）以降，少子化対策として，仕事と子育てとの両立等を目標に向けて政府は対策を始めた。しかし，それ以降幾多の少子化対策を講じてきたが効果的な成果をあげることができなかった。そこで政府は改めて，社会保障・税一体改革の一環として2015（平成27）年4月に「子育て支援新制度」をスタートさせた。

　その具体的目標は，待機児童解消等の量的拡充や保育士の処遇改善等の実施を掲げている（図表9－5参照）。この新制度の特徴は，①「施設型給付」（認定こども園，幼稚園，保育所）と「地域型給付」（待機児童対策として，小規模保育所，家庭的保育の量的拡大）の創設である。② 認定こども園制度の改善（二重行政を

図表 9 － 5　社会保障・税一体改革による社会保障制度改革の主な取り組み状況

	主な実施事項
平成26年度	○年金機能強化法の一部施行（平成26年4月～） ・基礎年金国庫負担割合2分の1の恒久化、遺族基礎年金の父子家庭への拡大、産前・産後休業期間中の厚生年金保険料の免除 ○育児休業中の経済的支援の強化（平成26年4月～） ・育児休業給付の支給割合の引上げ（50％→67％）
平成27年度	○子ども・子育て支援新制度の施行（平成27年4月～） ・待機児童解消等の量的拡充や保育士の処遇改善等の質の改善を実施 ○医療介護総合確保推進法の一部施行 ・都道府県において、地域医療構想を策定し、医療機能の分化と連携を適切に推進（平成27年4月～） ・地域包括ケアシステムの構築に向けた地域支援事業の充実（平成27年4月～） ・低所得者への介護保険の一号保険料軽減を強化（平成27年4月より一部実施、消費税率10％時までに完全実施） ・一定以上の所得のある介護サービスの利用者について自己負担を1割から2割へ引上げ等（平成27年8月～） ○被用者年金一元化法の施行（平成27年10月～） ・厚生年金と共済年金の一元化
平成28年度	○年金機能強化法の一部施行（平成28年10月～） ・大企業の短時間労働者に対する被用者保険の適用拡大（501人以上の企業対象）
平成29年度	○年金改革法の一部施行（平成29年4月～） ・中小企業の短時間労働者に対する被用者保険の適用拡大（労使合意を前提として500人以下の企業対象） ○年金機能強化法の一部施行（平成29年8月～） ・老齢基礎年金の受給資格期間を25年から10年に短縮
平成30年度	○国民健康保険の財政運営責任等を都道府県に移行し、制度を安定化 （平成30年4月～、医療保険制度改革関連法案関係） ○医療計画・介護保険事業（支援）計画・医療費適正化計画の同時策定・実施（平成30年4月～） ○年金改革法の一部施行（平成30年4月～） ・マクロ経済スライドについて、名目下限措置を維持しつつ、賃金・物価の上昇の範囲内で前年度までの未調整分を含めて調整
平成31年度	○年金改革法の一部施行（平成31年4月～） ・国民年金1号被保険者の産前産後期間の保険料を免除（財源として国民年金保険料を月額100円程度引上げ） ○年金生活者支援給付金法の施行 ・年金を受給している低所得の高齢者・障害者等に対して年金生活者支援給付金を支給（消費税率10％時までに実施）
令和2年度	○年金改革法の一部施行（平成33年4月～） ・年金額改定において、賃金変動が物価変動を下回る場合に賃金変動に合わせて年金額を改定する考え方を徹底

（注）年金生活者支援給付金と介護保険1号保険料の低所得者軽減強化については，現在の法律の規定やこれまでの社会保障の充実の考え方にしたがって記載。
出所）厚生労働省

　解消するため学校と児童福祉施設を位置付けた単一の認可施設とする），③ 地域における子育て支援（地域子ども・子育て支援事業）充実である。この新事業の施行により，幼稚園，認定こども園，保育所のうち，なかでも保育所の入所児童の定員の増加，新たな保育所の新設による待機児童数の減少が期待される。図表 9 － 6 は日本（3歳未満），韓国（3歳未満），ノルウェー（1，2歳）の保育所を利用する割合であるが，日本は 2 国に比較して圧倒的に保育所を利用する子どもの数の割合が少ないのが分かる。女性の就労人口が年々増加する傾向にあるわが国において如何に保育所が不足しているかが分かる。保育所の定員増，保育所数の増加，保育士の確保が待機児童対策の根幹である。その要因のひとつとして，日本が諸外国に比較して，これまで幼児教育・保育への公的投資の対

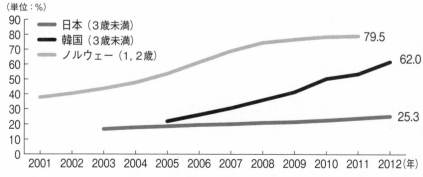

図表 9 － 6　保育所を利用する子どもの割合

（単位：%）

日本（3歳未満）
韓国（3歳未満）
ノルウェー（1，2歳）

79.5
62.0
25.3

2001　2002　2003　2004　2005　2006　2007　2008　2009　2010　2011　2012（年）

（注）日本の利用率には認可外保育施設が含まれていない。
資料：厚生労働省「保育所関連状況取りまとめ」，韓国保健福祉部「保育統計」，韓国安全行政部「住民登録人口統計」，Statistics Norway,Facts about Education in Norway 2013
出所）「自治体国際化フォーラム」Feb. 2015

GDP 比割合が圧倒的に少ないことを指摘することができる（図表9-7参照）。

　この背景にはこれまで社会保障対策が高齢者中心に行われてきたことにある。少子化対策あるいは将来の労働力不足に向けてワークライフバランスを推進していくことが大切である。

　ここで，フィンランドの子育て支援（家庭支援）を紹介する。同国は社会福祉国家で「母親指標〜お母さんにやさしい国ランキング」（mothers index）の2014年度第1位となっている。ちなみに日本は先進国（G7）のなかでも最下位である。このランキングは，①妊産婦死亡の生涯リスク，②5歳未満児の死亡率，③公教育の在籍年数，④国民1人あたりの所得，⑤女性議員の4つに加えて，保健・栄養・教育・経済・政治への女性参加を総合的に算出した指標である。

　フィンランドでは女性が妊娠すると居住する自治体から「ネウボラ」（保健師，助産師）が各家庭に派遣される。出産は基本的に病院で行うが，育児相談やその他の育児に関する相談や受診はネウボラのサービスを受けることになる。このサービスは，妊娠から幼児が6歳になるまで継続して行われる。また，ネウボラ（neuvola）のサービスを受診している家庭にはkela（社会保険庁事務所）から育児パッケージあるいは現金が各家庭に支給される（図表9−8参照）。

　フィンランドで子育てに関する支援の施策が日本と異なっているのは，子育ては社会の義務であると捉えているところにある。こうした，同国において，女性の就労率が高いのはこうした子育て支援策の充実が女性の就労率の高さを支えているのである。

　なお，育児パッケージの中身は育児用品（肌着，防寒着等）が中心でその他，おもちゃ，絵本等50点が入っている。

ネウボラ（neuvola）

　フィンランド独特の子育て支援のシステムである。妊娠期の女性〜就学前の子どもまでが健やかに成長・発達を願ってあるいは家族の心身のサポートを居住地の社会保険庁事務所（「Kela」）から看護師あるいは保健師を派遣するシステムである。このサービスはかつて1920年代フィンランドでは新生児の死亡率が高率であったため，母子と乳幼児の安全確保を目的として始まった。なお，このサービスは原則無料となっている。

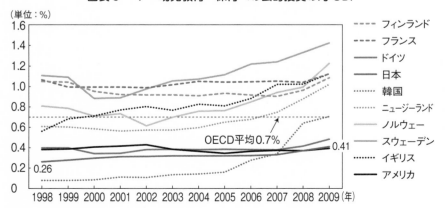

図表9−7　幼児教育・保育への公的投資の対GDP

資料：OECD Family Database Chart PF3.1
出所）「自治体国際化フォーラム」Feb. 2015

図表9－8　育児パッケージ

出所) フィンランドkela（社会保険庁事務所）

5　地域共生社会実現の取り組み

　わが国の社会保障制度改革は「社会保障と税一体改革」の流れのもとで行われてきた。しかし，2015（平成27）年9月に「1億総活躍社会」が発表された。翌年の2016（平成28）年には「ニッポン一億総活躍プラン」（理念：女性も男性も，お年寄りも，一度失敗を経験した方も，障害や難病のある方も，家庭で，職場で，地域で，あらゆる場で，いわば全員参加型の1億総活躍社会の実現）が閣議決定さ，これまでの「社会保障・税一体改革」から「一億総活躍社会」構想へ移行した。このニッポン一億総活躍プランを実現する為，3本の矢が設定された。それは，①「希望を生み出す強い経済」(GDP600兆円)，②「夢をつむぐ子育て支援」（希望出生率1.8)，③「安心につながる社会保障」（介護離職ゼロ）となっている。このなかに組み込まれたのが働きかた改革と地域共生社会の実現が組み込まれたのである。また，厚生労働省は「ニッポン一億総活躍プラン」において地域共生社会の実現が組み込まれていたので，2017（平成29）年2月に「我が事・丸ごと」（地域共生社会実現本部決定）をまとめた。その骨子は，① 地域課題の解決力の強化，② 地域丸ごとのつながりの強化，③ 地域を基盤とする包括的支援の強化，④ 専門人材の機能強化・最大活用等となっている。

　社会福祉関係では，生活困窮の自立を促進する「生活困窮者自立支援法」(2013) が2015（平成27）年4月より施行された。そして，2017（平成29）年5月「地域包括ケアシステムの強化のための介護保険法等の一部を改正する法律」により，社会福祉法が改正され地域福祉計画に関して，2018（平成30）年4月より市町村が策定するよう努力義務が課された。

　なお，同法律は，2018（平成30）年4月より実施されている。

　この法律の骨子は，①「我が事・丸ごと」の地域づくり・包括的な支援体制の整備，② 新たな共生サービスを位置づけ等となっている（図表9－9参照)

　このようにわが国の福祉の動向は，社会保障の改革「社会保障・税一体改革」からスタートし，現在は地域共生社会の実現を目指し，地域社会づくりの

図表9－9　地域における住民主体の課題解決力強化・包括的な相談支援体制のイメージ

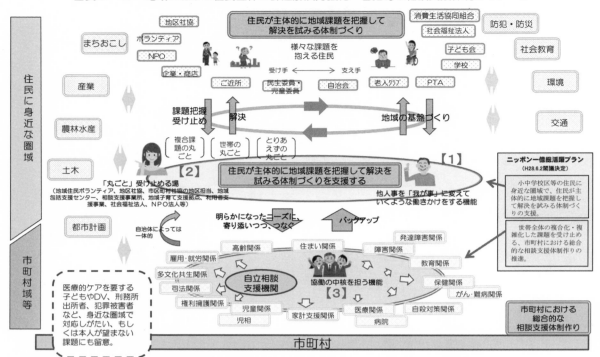

出所）厚生労働省「全国厚生労働関係部局長会議資料」（平成30年1月）

　強化策のもとで進められている。最後に社会福祉の課題であるが，少子高齢化社会のもとで社会保障・社会福祉共に財政的に逼迫しており，如何に持続可能な社会保障制度のもとで社会福祉サービスを継続して国民に提供できるかが課題であるが，今後，人口の高齢化，少子化が進展するなかで効果的・効率的なサービスを維持するため国民の適正・公正な負担が求められると共に，地域共生社会の実現が必要となるであろう。

参考文献

　成清美治「社会保障と税一体改革における諸課題」『福祉臨床学科紀要』第10号，
　　神戸親和女子大学，2013年
　成清美治『私たちの社会福祉』学文社，2012年
　長坂寿久『オランダモデル』日本経済新聞社，2000年
　厚生労働統計協会編『国民の福祉と介護の動向（2018/2019）』厚生労働統計協会，
　　2018年
　社会福祉の動向編集委員会編『社会福祉の動向（2019）』中央法規，2019年

プロムナード

　少子・高齢化社会のもとで，医療，年金，介護，子育て等の問題を左右する社会保障制度改革は私たちの生活を左右する大変重要な問題です。今，最も大切なのは，如何にして持続可能な社会保障制度を構築していくかです。そのためには，国・自治体（法律，行政）だけに丸ごと依存するのではなく，私たち自身が社会保障に関心を持ち理解することが大切になります。その「知見」を得るためには新聞，テレビ，ラジオ，インターネット等のニュース，による情報収集と分析が大切となります。そのため，私たちは日常的社会保障，社会福祉に関する情報を収集し，客観的な分析力を備えることが必要でしょう。

学びを深めるために

山田昌弘『少子社会日本—もうひとつの格差のゆくえ』岩波新書，2007 年

　現在，日本は少子社会というこれまで経験したことのない深刻な社会状況にあります。本書は少子化の幕開け，少子社会の原因，少子化はなぜ始まったのか，少子化の対策は可能であるか等の問題提起のもとで分かりやすく少子化問題を解説しています。

　本書では少子化が進んだ要因として，①経済的要因，②男女交際に関する社会的要因であると分析しています。是非同書を一読して，将来の日本の経済問題あるいは社会保障等の問題を左右する少子化の問題を理解してほしいと思います。

索　引

［編著者紹介］

なりきよよしはる
成清美治

兵庫県生まれ

1985年　龍谷大学大学院文学研究科修士課程社会福祉学専攻修了
現　職　神戸親和女子大学客員教授（社会福祉学博士）
主　著　『現代人の社会福祉』（共著）川島書店　1994
　　　　『新・社会福祉概論』（共編）学文社　1998
　　　　『私たちの社会福祉法』（共著）法律文化社　2001
　　　　『新版・社会福祉』（共編）学文社　2005
　　　　『現代社会と社会福祉』（共編）学文社　2009
　　　　『私たちの社会福祉』（単著）学文社　2012
　　　　　　　　　　　　　　　　　　　　　　　　他

保育士のための社会福祉

2020年1月30日　第1版第1刷発行

編著者　成　清　美　治
発行者　田　中　千津子
発行所　株式会社　学　文　社

郵便番号　153-0064　東京都目黒区下目黒3-6-1
電話（03）3715-1501（代表）振替　00130-9-98842
https://www.gakubunsha.com

ISBN 978-4-7620-2964-6